万川
reflections

一步万里阔

岩波新书

英国史10讲

イギリス史10講

こんどう かずひこ

[日]
近藤和彦
——著
何睦
——译

中国工人出版社

目　录

第 1 讲　英国历史的开端

第 2 讲　从罗马的行省到北海的王国

第 3 讲　横跨海峡的王朝

第 4 讲　漫长的 16 世纪

第 5 讲　两次国制革命

第 6 讲　财政—军事国家与启蒙

第 7 讲　工业革命与近代世界

第 8 讲　大转型的维多利亚时代

第 9 讲　帝国与大众社会

第 10 讲　现代英国

第1讲

英国历史的开端

冬季的巨石阵，也是新石器时期最大的环状列石阵。

大事年表

距今 10000 年前（公元前 8000 年左右）的冰河时期，不列颠诸岛是欧洲大陆最大的半岛	
公元前 6000 年左右，海平面上升，不列颠诸岛出现	
公元前 3000 年左右	斯卡拉布雷等奥克尼岛的遗址群
公元前 2300 年左右	巨石阵完成
公元前 1000 年左右	凯尔特系诸部扩张
公元前 55 年	恺撒入侵不列颠
1922 年	“爱尔兰自由邦”从“大不列颠及爱尔兰联合王国”独立
1949 年	爱尔兰共和国成立
1973 年	联合王国与爱尔兰共和国同时加入了欧洲共同体（EC）
1993 年	加入欧盟（EU）
2017 年	脱离欧盟谈判开始

1 何谓英国史

本书的计划

提起英国，你会想到什么？是英语、王室、绅士、岛国、支配七海的帝国、工业革命，还是足球、高尔夫和甲壳虫乐队？还有很多人可能会联想到红茶、红砖房、绿芝士和乡村，或者“自由与规律”、议会制民主主义、“新教伦理与资本主义精神”及撒切尔主义。这就是将全球化与和谐性融为一体的英国。相较于其他国家，日本人对英国更容易产生亲切感。甚至有些人可能认为自己对英国已经十分了解，觉得其是一个“没什么新意的国家”。

本书尝试呈现一部从史前时代到现代的英国通史，以及这个被称为“英国”的政治社会是如何被自然地理形塑，又是如何被历史打磨、破坏和重建的。本书会在注重英国现有认同与秩序的前提下，尽可能具体形象地展开叙述，并结合世界史与日本史的相关内容进行分析。期待本书能够为您带来新的知识，或者成为照亮您既有知识的另一束光。

E.H. 卡尔曾经指出："历史是当下与过去的对话，亦是历史学家展望未来的侃侃而谈。"本书也是生活在今天的历史学家，通过反复与过往的史实及研究进行对话来重新讲述英国历史的一个尝试。

《英国史 10 讲》虽然是按照史前、古代、中世纪的顺序加以叙述的，但并没有给每个时代均等的篇幅，而是把重点放在第 4 讲的 16 世纪以后，即关于近世、近代和现代的叙述占据了七成篇幅。这样做的原因之一，是作者根据自身研究专长的扬长避短之举，当然也是"10 讲"系列的共通要求使然。

在远古时期，英国是欧洲大陆的延续，古代有一半成为罗马帝国的行省，中世纪开始被纳入欧洲基督教、学术和政治体系中。这也是理解近现代英国和英语的基本史实，本书将在前 3 讲中对此进行阐述。

但是，无论是英语圣经通行于全国教会，还是莎士比亚的诞生，又或最早的英国人来访日本，都发生在 16 世纪。如果不了解此后发生的革命、议会和君主制度，以及牛顿、斯宾塞、马克思、格莱斯顿、南丁格尔、丘吉尔、甘地、凯恩斯与哈耶克、城市与帝国、慈善制度与社会民主主义，就无法理解今天的英国，也就无从谈起英国史是世界史最重要的部分。甚至，牛津和剑桥两所大学的许多学院都具有“慈善机构”的属性，其根据亦来自 1601 年的法律。这也正是本书将重点放在由“漫长的 16 世纪”（第 4 讲）所开启的“最初的全球化”及其后续内容的理由。

本书对英国历史要点的把握方向基本与《德国史 10 讲》（坂井荣八郎）、《法国史 10 讲》（柴田三千雄）相同。不过，与这两本“10 讲”不同的是，本书从古罗马以前的史前时代开始，在中世纪和现代之间还独立划分了“近世”时代，以便进一步突出英国史的复合性及其与海洋的各种关联。当然，本书并不会缩小讨论的范围，将内容囿于有关国民性或者国民历史“类型”和“阶段”的假想。相反，本书还将注重英国史与日本史的比较，并穿插引用福泽谕吉和夏目漱石的证言，乃至述及男女之事或亲子之事，这些都是已出版的“10 讲”中所不具备的特征。存在这种区别，与其说是英国史与法国史、德国史的不同，不如说是作者世代和历史感觉的差异。可以说，本书既反映了作者迄今的研究积累，也是一本再播新种之作。

英国、不列颠诸岛、大不列颠及北爱尔兰联合王国

首先，我们必须明晰“英国”这个词的意思和用法。本书所介绍的英国或英国人对应现代英语的“Britain”“British”“Briton”，为了在行文时尽量不产生歧义，严谨起见，有些地方会用“不列颠”或“不列颠人”来表示。

不列颠或大不列颠在地理上特指包括现在的英格兰、威尔士、苏格兰在内的大岛。相对地，也存在所谓的“小不列颠”，即法国的布列塔尼半岛。两地古代都分布着被称为“布立特人”的凯尔特系民族，属于不列颠尼亚的范畴。中世纪曾出现名为布鲁托（Brut）的古代特洛伊武士后裔流落至此的故事（第3讲）。

不列颠诸岛（British Isles）是对包括大不列颠岛、爱尔兰岛和周围数千个小岛在内的列岛的统称。虽然这是现代地理术语，但容易产生混淆的是，通常单独提到“不列颠岛”时特指大不列颠岛。

让我们一点一点叙述历史的变迁。现在的不列颠诸岛上有两个主权国家，一个是“大不列颠和北爱尔兰联合王国”，简称“联合王国”（UK）。还有一个是“爱尔兰共和国”，或称“爱尔兰”（Eire）。

对于联合王国，现在日语中普遍使用的是“イギリス”

和“英国”。这个名称起源于16—17世纪在东亚海域使用的带有葡萄牙语和荷兰语口音的“アンゲリア”“エンゲルス”或“エゲレス”。“アンゲリア”的汉字是“谙厄利亚”，“エゲレス”则以汉字“英吉利”“英伦”来表示。到了19世纪下半叶，也就是幕末至明治时期，“谙厄利亚”“谙国”及“谙语”不再使用，而代之以英吉利、英国、英语。与“谙”和“厄”相对，“英”这个汉字包含花、精华和出色的人的意思。因此冠之以“英国”，也有谓之优秀的含义。表面上看，这不过是汉字表记的问题，但同时也是一种价值观的接受。相关内容在第8讲和第9讲讨论近代日英交流时，我们还会进行彻底溯源。

另外，“大英帝国”“大英博物馆”等用法在日语中虽然很常见，但实际上原文British Empire、British Museum中并没有“大”的意思。尽管如此，这些词语仍然成了日语中约定俗成的用法，这是由于近代日本人认为英帝国是伟大的，是“大日本帝国”的模范，甚至是文明的象征，也表现了明治、大正、昭和时期普遍存在的西洋崇拜和事大主义思想。对这种明显带有偏见的用语，本书只在必要的引用场合使用，普通行文中将使用“英帝国”“英国博物馆”等来记述。

虽说如此，“イギリス”也好，“英国”也好，都是源于历史上的“エゲレス”以及“England”“English”的日语，

所以这种表达也不是没有问题的。另外，最近英语中经常出现把“English”改为“British”的现象，以避免出现歧视问题，显示“政治公平”。但从历史上来看，“British”在凯尔特系的威尔士人（Brut 人的子孙）的语言中也有出现，所以也不是解决这个问题的办法。换句话说，“イギリス”“英国”“不列颠”并不是简单的说法不同，而是一个贯穿本书整体的历史问题。本书出于慎重将保留这一分歧点，使用“イギリス”[1]这个词。

把日本比作“东洋的英国”，把英国比作“西洋的日本”的说法，是在 19 世纪下半叶（明治时代）开始出现的。这种说法很有趣，无论从自然还是从文化角度来说，二者的确不是没有相似之处。如果再从地缘政治来考虑，西北欧的英国与东北亚的日本分处欧亚大陆两端，共通点就更不用说了。但是，二者的差异也很大。甚至不如说两国的关系就像一面镜子，可以相互映照进行反思。

联邦国家、复合社会

现在的联合王国是由英格兰、苏格兰、威尔士、北爱

1 为便于读者阅读，译文中将使用汉语“英国”。——译者注。若无特殊注明，本书脚注均为译者注。

尔兰和众多岛屿组成的联邦国家。面积约 24 万平方公里，人口约 6600 万。1997 年以来，随着向地方“权力下放”（devolution）的推进，各地原本就存在的独特性得到了进一步增强。联邦各成员分别向欧盟（EU）议会派遣议员，并拥有一定的财政权限，但通用货币仍是英镑。爱尔兰共和国占爱尔兰岛的四分之三，面积约 7 万平方公里，人口约 498 万。作为欧盟成员，也使用欧元。

虽然居住在联合王国和爱尔兰的人口中数量最多的是白人（高加索人种），但是这些白人之中包含了来源于欧洲各地的人。另外，英语在漫长的历史发展进程中也混合了欧洲诸种语言。这些事实说明，历史上夹在北海和英法海峡之间的英国，毫无疑问具有“欧洲亲缘”。

近代以降，非洲系、加勒比系、穆斯林以及南亚和东亚人纷纷来到这里定居，特别是 20 世纪下半叶，来自上述地区的移民数量急剧增加。构成所谓“英联邦”的旧殖民地与英语国家组成的宽松联合依然存续着，目前主要通过教育和体育方面的积极合作来体现这一点。另外，从旧殖民地独立出来的发达国家美利坚合众国，虽然没有加入英联邦，但两国间仍保持着特殊的同盟关系。从英国出发，无论到南北美洲、非洲，还是亚洲（1869 年苏伊士运河建成之前），都要首先经过大西洋。把这些航线归结起来，可以称为“大西洋亲缘”。

欧洲亲缘和大西洋亲缘哪边对英国更重要？这既是历史学家长期讨论的题目，也是牵涉近现代英国人身份认同和国家战略的焦点问题。

在各种因素的共同作用下，英国已经成为一个复合社会。只要在伦敦和格拉斯哥的街头巷尾站一下，就不会再对这件事有丝毫疑问。英国社会和政治在历史上就迥异于“单一民族国家”或“统一不可分割的共和国”，今时今日则更加提倡对多样性（diversity）的促进。此外，其社会政治虽然呈现出“世界主义”（cosmopolitan），但国家和个人之间还根植着应该称为“民间公共社会”的要素。

事实上，不列颠诸岛的居民自古以来就是由多民族组成的。英国这个国家的联邦制和社会的复合性是有历史传统的，这反映在居民的外貌和国土景观一直都在发生变化上。英国人不仅在过去和现在，而且在未来都会将联邦制、复合性和多样性保持下去。本书的课题之一就是历史地说明这一点。反过来看，也能在我们思考“东洋英国”的过往和未来之际，提供些许启示吧。

❷ 自然环境与史前人类

不列颠诸岛的形成

在地球的历史上，冰期和间冰期的交替曾反复出现。距离现在最近的冰期大约持续到 1 万年以前，那时不列颠诸岛还不存在。当时，大量海水结冰，导致海洋水位下降，海岸线大幅后退，北海只是欧洲大陆北部的一个小海湾，没有英吉利海峡，也没有爱尔兰海。当然，现在的大不列颠岛和爱尔兰岛也没有分离，它们都是欧洲大陆的延续，当时是位于欧洲西北突出部分的宽广半岛，并且相当一部分区域被冰层覆盖着。

不列颠诸岛的最高峰本尼维斯山位于苏格兰境内，海拔 1343 米。英格兰境内的最高峰斯科菲尔山位于湖区，海拔 978 米。虽然和日本同类的山峰相比低了很多，但裸露的山脉表层和雄伟的山谷依然保留着冰期的痕迹。当时，英国北部亦与斯堪的纳维亚接壤。

大约在 8000 年至 9000 年前，随着冰期结束，海平面缓慢上升，不列颠诸岛形成。从洞窟的遗迹、石器、骨头和描述狩猎场景的原始绘画可知，此时岛上已经有了适应寒冷气候的狩猎者居住。此后，随着气候变暖，人口不断增加，靠狩猎、捕鱼和采集生活的人口达到了 2 万左右。这足以说明，不列颠诸岛是一片动物和植物资源都很丰富的土地。

新石器时代的遗迹

农耕畜牧民跨海来到不列颠诸岛，带来了狗、羊等家畜以及原始小麦。虽然我们无从得知当时土著的狩猎采集民和新来的农耕畜牧民之间是互相争斗还是和平共处，但结果是原住民向移民学习了如何把野兽驯养为家畜，农牧民则将原始森林的一部分开垦为耕地。从那时起，不列颠诸岛就已经是不同人种的共存之地了。

这种新石器时代的遗迹，以位于苏格兰北部奥克尼岛的斯卡拉布雷遗址最为著名。目前在该地的海岸地带已经发现了 10 户左右的石砌房屋，每户都有火炉、烹调操作台、床，并且墙上安装着收纳架，另外还有蓄水设施，居住者可能同时从事农耕、畜牧和捕鱼。而且，在这个村子附近还发掘出了布罗德盖石圈及斯丹尼斯立石等类似神殿的石砌建筑物，这些都是距今大约5000年前（公元前3000年）的遗迹。

在不列颠诸岛上，原本就在泥土和矮草之下散布着许多由巨石砌成的石室古墓，还残留着900多处环状石圈遗迹。这些遗迹附近建有环周沟，即由外环的堤坝和内环的沟渠所构成的圆形围堤，环周沟内侧有许多巨大的石头呈圆形排列。这些环状石圈遗迹中，最有名的应该就算矗立在英格兰南部荒原上的巨石阵了（章首图）。

一般认为，巨石阵建造完成于公元前2300年左右。构成巨石阵的超过80块巨石，都是从数十至数百公里以外的地方运来的，其中最重的达50吨。那么，这些巨型石料究竟是怎样运输，又是如何整齐切割的呢？此外，要把巨石按照一定的设计进行排列和堆砌，也需要高超的技术和力量。

除了已经确认的作为供物和埋葬的场所之外，巨石阵可能还有举行祭祀仪式的功能，或许还是了解春分、夏至、秋分、冬至的一种天文台。对于农耕民来说，能否掌握准确的历法关系着能否安排好不同季节的生活，决定着耕种活动的成败，乃至部族的生死存亡。因此，祭祀在当时是具有合理性的严肃活动。虽然巨石阵一直以来被认为是新石器时代不列颠人最重要的场所，但这一说法随着奥克尼岛遗址群的发现，可能会逐渐变得不再那么绝对。

凯尔特人与森林

虽然由于农业的普及，不列颠诸岛的人口不断增加，但从公元前 1000 年左右开始，气候再次出现了轻微的寒冷化现象。人们建造了带有防御设施的村落，并围上了壕沟和栅栏，砌上石墙，筑起城塞，甚至出现了在湖沼中央筑起的垒寨。由于争夺谷物、家畜以及奴隶的战争不断，武器和战车的制造工艺也发达起来。除此之外，许多精美的金银、青铜、铁制装饰品和武具以及祭祀礼器也流传至今。

在古希腊和古罗马的文献中，这些人被称为“凯尔特伊”（ケルトイ）、“凯尔塔埃”（ケルタエ）或“嘎利”（ガリ）。据说他们可以巧妙地制造和操作金属武器与战车，并以彩绘涂身。希腊人和罗马人将凯尔特人视为野蛮的敌人，对其魁梧的身材和裸露半身的彪悍感极尽渲染。尽管凯尔特人的工兵技术也达到了相当高的水准，但他们不仅仅是战士，也耕种小麦，进行畜牧活动，用色彩鲜艳的染料制作美丽的亚麻丝织物，并且拥有高超的金属铸造工艺。此外，凯尔特是没有文字的社会，主要依靠口传和祭礼来传递信息、传承文化。社会系统的中心是德鲁伊祭司，负责和超自然世界进行交涉，以解决现世的难题。德鲁伊既是与神灵相通的预言家和魔法师，也是处理纷争的贤者和吟游诗人，不仅限于男性，也有巫女。

凯尔特人相信在自然界的各个角落都有神灵栖息，认为清水、池塘、树木、岩石都具有宗教性。对于凯尔特文化的这种重要特质，想必日本读者也会有一种亲近感。德鲁伊在森林中举行祭祀仪式，着白衣，使用镰刀、槲寄生和药草，可能也有人身供牺。其中，树木特别是大橡树作为悠久的生命和坚固的象征，是与日本以楢、楠为崇拜对象相似的树木信仰。橡树森林里居住着妖精，则是一个广为人知的凯尔特传说。

凯尔特边境

在广阔的欧罗巴各地都发现了古凯尔特的遗物。公元前 1 世纪，大不列颠岛被凯尔特系诸部所占据。由于铁制农具的使用带来了收获量的增加，此时岛上人口已经达到约 100 万。各部族之间除了相互战斗，以及祭祀、农耕和手工制造之外，也在南部沿海地带频繁地进行商业活动。考古学家已经在港口的遗迹中发现了锡、银、铜、铅等金属，以及装有法国葡萄酒和硬币的陶器。

现在提到的凯尔特文化，是指爱尔兰、苏格兰、马恩岛、威尔士、科恩奥尔及布列塔尼文化的集合。除此之外，史前欧洲大陆上还曾经在更大范围内存在具有一致性的凯尔特民族及文化。在历史上，罗马人、盎格鲁—撒克逊人、诺曼人都曾受其攻击而被赶至边地，许多曾被蔑称为“凯尔特边境”的地区，如今都在强力复苏的过程中流传着相关传说。凯尔特人令人着迷的精美手工艺品和上面独特的花纹，在近代的浪漫主义和民族意识中，也成为凯尔特和盖尔的象征而散发着向心力。从后世来看，如果没有这些因素，就无法理解苏格兰和爱尔兰人的骄傲和独立意识，以及近年英国政府实施的“权力下放”。

但是，对凯尔特的想象也引发了学术上的质疑。考古学家 B.W. 康里夫编写的《史前欧洲图说》和《牛津不列颠诸岛通史》全 11 卷中的第一卷，不约而同地否定了凯尔特的同一性。所谓“凯尔特边境”，是后世历史，特别是近代史的产物。

公元前 1 世纪中期，罗马总督恺撒征服了被称为“高卢”的现在法国及周边地区后，对布里特人居住的不列颠岛表现出了极大的兴趣。当时这里便以土地富饶闻名，并与已成为罗马行省的高卢存在密切的交流。为了稳定对高卢的统治，恺撒有必要厘清其与该岛之间的关系，同时出于获取更大声名的需要，对不列颠展开了进攻。随着罗马人的到来，不列颠诸岛的史前时代就此结束，迎来了有文字记载的“历史时代”。

英国史的结构

随着冰期结束，不列颠诸岛因海洋而与欧洲大陆隔离，并分离为大不列颠岛和爱尔兰岛。但是，这并不是孤立的开始。海洋不仅会对民族和文化产生阻隔，也能产生联系。英国历史并没有局限于不列颠诸岛，而是在与世界的广泛联系中不断展开。面对以农牧民和罗马人、维京人为代表的，从大海彼岸传入的强有力的新文化，岛民们经历了抵抗和接受的过程，最终出现了文化兼容。这是从史前时期到现代，在不列颠诸岛上重复了无数次的模式。

在上述过程的反复中，英国人开始向外部世界进军，并很快对其他国家进行征服和统治。他们在与外部的摩擦和融合中，不断积累各种经验，广泛学习，竞争共存，形成了新的秩序。21 世纪英国和世界的关系格局，也是在这样的历史过程中产生的。

第2讲

从罗马的行省到北海的王国

爱德华王的银币，973年举行加冕仪式的爱德华侧脸。十字后面的拉丁文是 EADGAR REX ANGLOR（英格兰人之王爱德华）。

大事年表

公元前 55 年	恺撒入侵不列颠（—前 54）
43 年	克劳狄乌斯征服不列颠
122 年	阿德里安的墙壁开始建设 进入“罗马治世”时期
212 年	罗马帝国向全体自由民授予市民权
4 世纪末	日耳曼诸部移民（—5 世纪）
461 年以前	［I］圣帕特里克传教 *
563 年	［I，S］圣科伦巴创建艾奥纳修道院 **
570 年以前	吉尔达斯完成《关于不列颠尼亚的破灭》
597 年	圣奥古斯丁创建基督教教会
731 年	比德用古英语完成《英吉利教会史》 同时期阿尔金远赴法国
793 年	维京人入侵
879 年	阿尔弗烈德大王（—899）继位
959 年	爱德华（—975）继位
1016 年	克努特（—1035）与艾玛再婚
1042 年	忏悔者爱德华（—1066）继位
1066 年	1 月，哈罗德继位 10 月，吉约姆（威廉）在黑斯廷斯战役中取得胜利

*［I］指爱尔兰

**［S］指苏格兰

1 罗马的文明

罗马军队的到来

随着罗马人的到来，英国进入了古代史时期。通过将文字（拉丁语）记录与考古出土的文物结合起来进行考察，我们可以得到远比史前时代更具体清晰的历史信息。

罗马将军恺撒（前100—前44）在公元前55年曾率领一支超过万人的军队横渡海峡。根据他的《高卢战记》记载，由于不列颠尼亚远离海岸的浅滩使罗马的大船很难靠岸，重装步兵不得不从船上跳入水中与敌人战斗。加上当时暴风雨也很厉害，恺撒的第一次远征没有取得什么战果。

翌年，恺撒率领3.7万人的军队再次入侵不列颠尼亚，并攻入内陆，降服了许多部落。值得一提的是，一些商人也随恺撒军团来到了不列颠尼亚。但是，不久传来了后方高卢形势不稳的消息，恺撒不得不与军团一起返回欧洲大陆。虽然这次远征也没有把不列颠尼亚领土化，但应对困难局面时的果断使恺撒作为武将的声名空前提升，可以说，他个人的野心已经实现。

罗马最终征服不列颠尼亚并将其作为领土是在约 100 年后，即皇帝克劳狄乌斯（41—54 在位）时代。克劳狄乌斯认为不列颠尼亚蕴藏着大量金、铁等金属矿产，并能够提供丰富的谷物和奴隶，具有征服的价值和可能，于是在 43 年，派出了 4 万大军远征该地。在战势大致确定的时候，皇帝渡海来到不列颠尼亚，并带着几头大象行军到科尔塞斯塔。这种罗马式的政治表演一下子威慑住了“野蛮人”，迫使“十一个王”相继归顺。

克劳狄乌斯在不列颠只停留了 16 天，但罗马军队没有就此停下脚步，他们进一步向西北方进攻。反抗和叛乱接连不断，在 60—61 年，受罗马人压迫凌辱的艾西尼族，在充满复仇心的女王布狄卡（波阿狄西娅）的带领下起义，杀死了大量罗马士兵。另外，83 年，北方喀里多尼亚的族长卡尔加库斯也对罗马的扩张进行了反击。两者最终都被罗马军队镇压，并遭到了残酷的报复。但到了近代，布狄卡和卡尔加库斯分别被视为英格兰和苏格兰的爱国英雄。

罗马帝国的行省

由于对威尔士和苏格兰的统治并不稳定，罗马人在英格兰的边境构筑了要塞并驻扎了军团。他们还完善了连通各地区的直线道路网，并修建了格林尼治、温彻斯特、埃克塞特、格洛斯特、切斯特、利兹、林肯及约克等据点，它们都将在后世成为重要的城市。从放射状的道路网也可以看出，罗马对不列颠尼亚统治的中心，大致位于泰晤士河北岸的伦敦地区，而其对爱尔兰的影响仅作用于间接层面。

罗马将不列颠尼亚纳为行省之一后，派驻了总督。总督既是军队的司令官，也是民政长官。虽然军队的宿营费用是通过就地征税来解决的，但是不列颠尼亚人民并非处于单方面被掠夺的境地。罗马人建造了公共设施完备的都市，在这里，市场、法庭、政府、广场、公会堂、上下水道、公共浴场、剧场、拉丁语学校，一应俱全，而在农村则营建了官署，并开垦了广阔的农场。

罗马治世下的和平

罗马帝国对不列颠尼亚不到 400 年的统治处于其全盛时期，这里有三点需要注意。第一点是罗马文明的普遍性、公共性和它带来的便利。罗马人对街道和港口的整备，虽然是为了保障遇紧急事态时军队调动的机动性，但也起到了稳定粮食等物资供应的作用。

关于城市的公共设施前文已述，行省的原住民与罗马军人和官员杂居乃至通婚都是受到鼓励的。到 212 年，所有自由民都被赋予了罗马公民权，不列颠尼亚的人民也就此成为罗马文明普遍性的承载者。虽然古罗马社会中奴隶只能专事劳动，但自由民则无论其出生地和民族为何，都可以成为军人或官吏，有着出人头地的可能。英语中有“Romano-British”（罗马—不列颠）一词，说明此时岛上已经出现了一个民族和文化融合的社会。这里的宗教也是融合的，不仅有凯尔特和罗马的神祇，更有来自波斯等东方地区的诸神，各种信仰共存一处。这就是罗马史学家南川高志所说的“种族混融”现象。说到底，罗马帝国本身就是由多民族组成的幅员辽阔的世界性国家。

将“种族混融”在一起的是拉丁语。拉丁语教育在意大利、非洲和不列颠尼亚都是共通的，各地学生学习同样的课程，阅读同样的教材，掌握同样的修辞方法，进行同样的演讲练习。虽然拉丁语在中世纪仍作为基督教会的语言存在，但古代人的拉丁语读写能力比中世纪前半期更高。

如果举一个表明罗马—不列颠社会舒适性的例子，最容易让人理解的就是罗马公共浴场（Thermae Romae）。英格兰西部城市巴斯（Bath）的名字便与“浴场”为同一个词。关于洗浴所具有的卫生或放松等功效自然无须赘言。罗马—不列颠人在该地温泉用石料建造的公共建筑中，供奉着凯尔特之神苏利斯和罗马女神米涅瓦的合体雕像，这是明显的“宗教混融”现象。巴斯作为彰显罗马普遍性的传统场所，曾在中世纪举行过爱德华一世的加冕仪式，近代则作为度假胜地得以重建而再次繁荣起来。

普布利乌斯的渗透膜?

第二点是罗马文明所具有的地理渗透性。关于这一点，我们可以试想一下哈德良长城（普布利乌斯墙）。皇帝普布利乌斯·埃利乌斯·哈德良（117—138 在位），从现在英格兰北端附近的泰因河河口到索尔韦湾，建造了跨度达 117 公里长的石墙（长城）。由于这是英格兰东西宽度最窄的地方，石墙成为横亘在南北陆路间的巨大障壁（走海路的话，便毫无障碍）。这里有为驻扎部队建造的要塞和瞭望台。根据近年的考古发现可以判定，附近也有平民的店铺和住所，并陆续有一些生活用品和木牍等文物被发现。

哈德良长城与中国的万里长城有相似之处，但又并非完全相同。无论从城墙的长度还是宽度来说，哈德良长城都远远不及万里长城，与其说是为了阻隔蛮族南下，不如说是为了彰显罗马的统治。人们可以利用固定距离间的城门出入往来，甚至可以放牧家畜。这些城门就像渗透膜一样，发挥了海关的作用。

还有一个旁证可以证明哈德良长城并非绝对的隔离墙。普布利乌斯的继任皇帝安东尼・庇护（138—161 在位）入侵苏格兰之后，又修建了安东尼长城（安东尼墙）。后者横跨福斯湾到克莱德湾，那里是苏格兰宽度最窄的地方，但很快就被弃用了。于是夹在两壁之间的广大区域，便成为历史上南北势力相互争夺的要冲地带。正是这块位于北部高地地区和南部英格兰之间的低地地带，将两地的要素结合起来，日后便成了苏格兰王国的核心。

罗马要塞附近的生活是什么样的呢？如前所述，民间店铺和住宅是当地存在一定消费生活的证据。而从文德兰达要塞遗址出土的大量木牍，则更加雄辩地说明了这一点。其内容不仅记载了军队的指令，还有士兵之间的纠纷，更有类似“总队没有啤酒了，请追加配送”的订单，甚至还有女性写的私人信件：“请您于 11 日参加我的生日聚会，如果您能到来，我会非常开心。”这些信息相对于边境防卫的紧张，更多传达的是一种生活的韵味。

罗马时代的前后状况

第三点是罗马时代前后的历史连续性。由于不列颠从被征服前就与大海对面的罗马属地进行贸易，因此恺撒的军队也有商人集团随行。实际上，不列颠贵族和罗马贵族在前罗马时期就已于英法海峡间往来穿梭。这种情况也适用于此后不列颠岛内的罗马属地与其他地区的关系。无论是否存在海洋与高墙，或者政治机构，人员往来和文明交流都在不断进行着。

那么，帝国时代以后这样的历史连续还是否存在呢？作为遍及欧洲全境的日耳曼人大迁徙的一部分，盎格鲁、撒克逊、朱特等诸部族相继进入不列颠。409 年，随着罗马军团的撤退，罗马在不列颠的统治也随之结束，按照以往史书的脉络，英国历史进入了“黑暗时代”。对于这一时期蔓延的瘟疫，修道士吉尔达斯（570 年左右去世）在《关于不列颠尼亚的破灭》中，将那场灾难作为神的惩罚记载了下来。

的确，从 4 世纪开始罗马就已经威望不在了。不列颠不但停止了进口大陆制造的金属货币，也未出现新的石砌建筑。目前尚无法确定罗马军团撤离不列颠的具体年份。但实际上，由于“罗马—不列颠”联合体的结构已经稳定下来，所以即使军团撤退，也不会马上陷入混乱状态。

❷ 部落国家、古英语和基督教

从 5 世纪到 8 世纪

以往的英国史将 5 世纪至 8 世纪的 400 年称为“盎格鲁—撒克逊时期”。这一名称延续了在混乱与黑暗之后，历经苦难的英国终于迎来基督教传入、古英语形成及英格兰王国成立的“国史”话语体系。从英格兰的形成史来说，这也许是没有问题的。但如果站在更大的不列颠诸岛，乃至欧洲平台上考虑，所谓“盎格鲁—撒克逊时期”的说法，无论如何都显得狭隘和片面。

近年来的英国中世纪史研究，对大约 400 年至 800 年这一时期有“罗马后”（after Rome）或“亚罗马”（sub Rome）时期的说法。其中包含了两个意思，一是罗马帝国从不列颠退出。这对不列颠尼亚行省和与其对峙的“蛮族”来说都是一个很大的变化，“罗马后”即侧重于对这一时代特征的描述。二是基督教传入。相对于罗马姗姗来迟的舶来教化，基督教首先在不列颠尼亚行省范围以外的爱尔兰和苏格兰抓住了人心，“亚罗马”也是侧重于对这一史实的体现。

与此相关的还有，学识渊博的 P. 布朗将 250 年至 800 年左右称为“古代末期”（late antiquity）。此外，中世纪史专家佐藤彰一把 476 年至 700 年左右界定为“后罗马”（post Rome）时期。而对不列颠诸岛“罗马后”或“亚罗马”的界定，则介于布朗和佐藤的时代分期中间。虽然其中存在不可忽视的差异，但这种时代划分，对于把握同时期欧洲各地在罗马帝国压倒性的冲击过后，纷纷开始按照各自方向摸索前路的时代特征是非常有用的。

部落国家、古英语、英国人

4 世纪末到 5 世纪初移居不列颠的日耳曼人诸部落，都是嗜好战斗和掠夺的血族集团。他们不但对族长极度忠诚，而且纪律严明，制裁也极为严厉。他们与原住民之间，以及自身各部落之间始终进行着无休止的战斗，终于在公元 7 世纪，在范围几乎与罗马不列颠尼亚行省完全一致的英格兰，形成了由大约七个国王（部落首领）统率的部落国家共同割据的局面。

其中之一的麦西亚王国在奥法王（796 年殁）时期，与查理曼（卡尔大帝，即查理大帝，768—814 在位）时期的法兰克王国建立了外交联系，此外，奥法王还铸造银币，并为抵御威尔士蛮族的侵袭筑起了土垒。这一土垒至今还有 13 公里残留，绵延在威尔士边界上。

由此，在各部落相互争斗的 300 年间，产生了具有一定一致性的语言集团。虽然这些人群来源各异，涵盖了丹麦、北德意志及尼德兰，并均因袭着自己祖地的传统要素，但还是最终形成了具有独立规范的盎格鲁语。所谓“盎格鲁语”（Ænglisc）不仅限于其字面意思“盎格鲁部落的语言”，也等同于大不列颠岛上所有日耳曼部落的共同语言，即语言学意义上的古英语（Old Engish）。以之书写的英雄史诗《贝奥武甫》歌颂了这个时代英雄的力量、智慧、忠诚和生死。

最先超越部落、将会说英语的人作为英国人（English）进行记录的，是在 731 年完成编年史《英吉利教会史》的修士比德（735 年殁）。实际上，在英格兰或者英国的“国”形成之前，已经在多种因素的交织下出现了英语和英国人，而非相反的情况。

基督教的传播

吉尔达斯、比德等修士的编年史中贯穿着正统的信仰和基督教历史。他们认为，来自罗马的教化可以将野蛮的盎格鲁—撒克逊人文明化。

最先来到爱尔兰传教的是帕拉迪斯，接着是圣帕特里克（约 461 年殁）。帕特里克虽然出生在罗马—不列颠贵族家庭，但因其少年时期遭绑架而尝尽辛酸，遂投身于传教事业。563 年，爱尔兰修士科伦巴（597 年殁）在苏格兰西部的小岛艾奥纳上创设了修道院。

爱尔兰部族斯科特人所移居的大不列颠岛北部，今天被称为“苏格兰”。这一稍显混杂的地名中含有“爱尔兰出身的斯科特部落的土地”之意。同样在大不列颠岛北部，此前便居住着没有文字但保有独特文化的皮克特人。

虽然有的编年史将大不列颠记录为“罗马的岛”、爱尔兰为“蛮族的岛”，但从爱尔兰人的角度来看则完全相反，在他们看来，不列颠是被罗马军队征服之地，而爱尔兰则是没有隶从关系的自由之岛。他们还经常自豪地说，基督的教义在传入英格兰之前，已经由比斯开湾传到了爱尔兰。

597 年，奥古斯丁（圣奥古斯丁，604 年殁）奉教皇之命率领 50 名传教士渡海前往英格兰，在肯特王国的都城坎特伯雷建造了教堂。

亚罗马时期通行的语言

那些说古英语的国王和战士都是文盲，只有神职人员才掌握读写能力。他们不仅可以聆听神谕，还通过文字记录日常事务和管理信息，因此与之保持良好的关系是非常必要的。

在中世纪和近世的整个欧洲，普遍存在拉丁语和本地语言并存的双重语言、文化的情况。根据比德的记载，在 8 世纪初的不列颠诸岛上同时使用着 5 种语言，分别是拉丁语、英语、爱尔兰语（盖尔语）、布立吞语（威尔士语）和皮克特语。

由于罗马教会的通用语言是拉丁语，英国人也参与了 8 世纪的泛罗马文化复兴运动。作为其中的一翼，北部领土辽阔的诺森布里亚王国修建了林迪斯凡和贾罗两个修道院，并使之成为教育和学习的中心，此外首都约克也已成为较具规模的城市。比德以及阿尔金（804 年殁）便活跃在这些地方。阿尔金于 781 年受到查理曼的邀请远赴巴黎，成为法兰克王国的宫廷顾问及多佛尔修道院院长。他也正是日后加洛林文艺复兴的核心人物。

但是，从英国方面来看，阿尔金的离去是巨大的损失，间接导致了拉丁语文化从 8 世纪末开始迅速衰落。当然其中还有另一个原因，就是维京人的入侵。

❸ 诺曼复合体下的英格兰王国

维京人的入侵

5 世纪跨海进入不列颠的盎格鲁—撒克逊诸部落，历经 300 年后总算确立了具有一定文化和秩序的七个部落国家。但是，在 8 世纪末到 9 世纪初，他们的处境便发生了改变，这源于从北海对岸袭来的斯堪的纳维亚人，也就是维京人所带来的巨大冲击。

编年史的记录颇有戏剧性地告诉我们，林迪斯凡、贾罗和艾奥纳的修道院，于 793 年、794 年和 795 年，接连不断地遭到袭击。由于 8 世纪的英国人从未想到过会有来自海上的进攻，所以他们将相当于知识和财富宝库的修道院都毫无防备地建在了海岸和小岛上。

从挪威、丹麦附近袭来的维京人，乘坐的是长度超过

20 米可以快速航行的细长船只。虽然应该称其为诺曼人或丹麦人，但由于执笔编年史的修士也是受害者，所以当时的文献中充斥着“海盗、异教徒、恶龙、狼”等极度愤恨的咒骂。其实那些都是斯堪的纳维亚的普通船员、农民、工匠和商人。他们攻击的不仅是不列颠诸岛，也包括位于北大西洋的冰岛、格陵兰、纽芬兰，并向南从诺曼底直捣地中海的叙利亚、西西里，东端则达至俄罗斯黑海沿岸。由此不列颠诸岛便被卷入了诺曼人广大的海洋“复合体系”中。

维京人最初采用“船队袭击、掠夺后即回航”的模式，但不久便构筑阵地，进而开始征服英国和法国北部。从北方的设得兰群岛，经奥克尼群岛、赫布里底群岛到爱尔兰海是维京人的常用航线，爱尔兰的都柏林、诺森布里亚的约克、诺曼底的鲁昂则成了维京人的三大据点。

阿尔弗烈德大王

在英格兰西南部威塞克斯的国王阿尔弗烈德（871—899 在位）即位当年，维京人（丹麦人）的大军也同时来袭。这似乎会使威塞克斯喘不过气来，但是阿尔弗烈德却通过英勇的反攻夺回了伦敦，此后又施行了加强国防、制定法典等举措。他下令铸造的硬币上铭文不是“威塞克斯之王”（king），而是拉丁语“英国人之王”（rex），显示了他的自负。

在英国历史上，唯一拥有“大王”（Great）称号的阿尔弗烈德不但是个彪形大汉，而且依靠两大举措成为史无前例的明君。首先是下令编撰《盎格鲁—撒克逊编年史》和《阿尔弗烈德传》以彰显其治世之功。《盎格鲁—撒克逊编年史》是对吉尔达斯、比德等修士早先所作的编年史进行编纂整理后的汇总版。该书完成后，还抄写了若干部分发给全国主要的教会，以便嗣后对内容再行添续。《阿尔弗烈德传》遵循了欧洲圣人传的传统，赞扬了大王的伟大事业。根据这两份带有政治宣传色彩的史料可知，阿尔弗烈德不仅勇猛果敢，而且是令作为异教徒的维京人国王改宗基督教的高贵的信仰之王。

其次是重视学问和教育。如前所述，盎格鲁—撒克逊的国王和人民都没有读写能力，但阿尔弗烈德充分认识到文字的力量，不但自己在40岁时开始学习拉丁语，还设立学校，让大臣及其子弟入学学习。

依循涂油礼的国王加冕仪式

尽管如此，阿尔弗烈德的后继者们并没有停止征战。终于由其曾孙埃德加（959—975在位）完成了英格兰的统一。随后，埃德加召集了各个地方上的实力人物随其巡视边界，并于973年在巴斯的遗迹举行了加冕礼，作为教会对王权的承认仪式。虽然狭义的“亚罗马”时期已经过去，但古典式的加冕礼和基督教涂油礼，对英格兰王国的君主诞生有着巨大的象征意义（章首图）。

欧洲的国王是如何证明其具有超越部落首领或武将的权力和权威的呢？仅凭血统和力量，是无法确保王位的。由于欧洲神话和基督教相融合的世界观，王位的正当性通常有三个必要条件：第一，血统的正统性；第二，贵族等世俗权威的推举或认可；第三，神的保佑，即教会的承认。

在英国，国王作为超越一切人的统治者在加冕仪式上受到上帝的祝福，就是从973年的埃德加加冕典礼开始的。当天，人民通过欢呼对国王的誓约予以认可，坎特伯雷大主教为国王施以“圣别”仪式即涂油之礼，最后国王戴上头冠，入座王座，接受贵族们的臣服之礼。这其中的涂油礼尤其具有象征性，由于《旧约》中记载了以色列王通过涂油加冕的惯例，欧洲的国王或皇帝也必须由主教涂上圣油，实现“圣别”。换句话说，在原罗马地区举行具有普遍性和永续性的基督教教会礼仪的首要目的，就是超越部落和军事首领的身份，成为国王或皇帝。而就现实政治而言，贵族对加冕国王的臣服之礼，才是承认王权并达成统治协议礼仪中最重要的环节。

在埃德加时期，郡（shire）长和贵族掌握着军队和司法，重要事项则由“贤人”（witan）聚在一起进行协商，并作为惯例逐渐固定下来。所谓“贤人”就是通晓历史的世俗权威人物。

就此，由维京人的侵袭，经过近200年的战争和政治宣传，造就了“英国人之王”阿尔弗烈德，以及“英格兰之王”埃德加。虽然由此出现了他们到底是作为民族集团的全体“英国人”的首领，还是只是英格兰区域的首领，以及是“王”还是“帝”的问题，但对现代历史学家来说，这只是一个君主和贤人集团如何包装自己的问题。总之，维京人作为触媒推动了英格兰王国的成立。

纵观维京人入侵前后的不列颠诸岛，苏格兰、威尔士、爱尔兰等地仍然延续着各部落群雄割据的时期，只有英格兰在罗马教会的承认下形成了一个王国。这就使不列颠诸岛内出现了政治秩序的差异（是割据还是统一），给后续历史留下了阴影。

同时在欧洲大陆，加洛林王朝覆灭后，德意志萨克森王朝的奥托于962年从教廷取得了皇帝的头衔，即所谓的神圣罗马帝国的开端。在法国，朗斯大主教也于987年为雨果·卡佩加冕为国王。这些事件和英格兰国王埃德加 973 年的加冕几乎是同时发生的。也就是说，10 世纪后期，欧洲各地贵族精英纷纷通过基督教教会的涂油礼加冕为国王或者皇帝，并由此向内外宣示其正统性，开启了具有接续性的王朝时代。在《德国史 10 讲》和《法国史 10 讲》中也提到，三个王国的成立（三国王的“圣别”）都是在 962 年至 987 年发生的。

艾玛和忏悔者爱德华

最近的中世纪史研究显示，还有比三国王加冕仪式的巧合更加宏伟的历史画卷。即在 800 年至 1100 年左右的北海世界中，大不列颠北部的众多岛屿和爱尔兰，乃至海峡对岸的诺曼底都是维京殖民地。这样来看，英国王权的推移似乎只是诺曼联合体政治运动的一部分。在第 3 讲“盎格鲁—诺曼复合”中，以艾玛王后为中心的 11 世纪英格兰王权的摇摆，以及在 13 世纪“苏格兰独立战争”中呈现出的苏格兰与挪威的密切关系，也可以认为是对这一观点的印证。

之所以这样说，还是因为埃德加之子埃塞尔雷德二世（978—1016 在位）由于不断受到丹麦人的侵扰，甚至丹麦王斯韦恩和他的王子克努特一度包围了伦敦，被迫提出分割

图 2-1　艾玛王后与凝视着母亲的爱德华（死后被罗马教廷封为圣爱德华）。

统治。而且，在英格兰国王去世以后，克努特实现了单独统治（1016—1035 在位）。

克努特国王与埃塞尔雷德二世的遗孀艾玛结婚后，召集全国的贵族起誓遵守埃德加国王时期的法律和惯例，并以书信的形式周知全国各郡。不久，因哥哥去世而继承丹麦王位的克努特，成为英格兰、丹麦和挪威的国王。随后他向瑞典和苏格兰发起了军事行动，并得到了罗马教皇的承认，建立了横跨北海的大帝国。

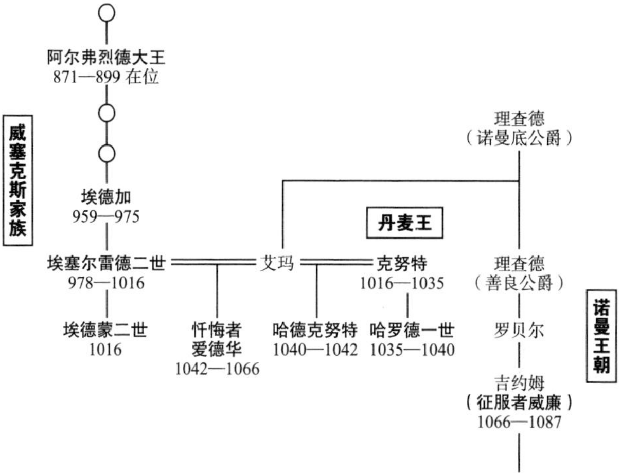

图 2–2　王位继承图。威塞克斯家与诺曼王朝的结合点就在于艾玛和她的儿子爱德华。

艾玛王后本来是诺曼底公国的公主，即在法国北部定居的维京人的后裔，她容貌美丽，被称为“诺曼底的宝石”。女性史学家 P. 斯塔福德评价她是一个独立的政治演员，英格兰的王位也以她为中心而摇摆。

由于克努特和艾玛的孩子早夭，王位又回到了英格兰·威塞克斯家族的血统，由埃塞尔雷德二世和艾玛的儿子爱德华（1042—1066 在位）继承。爱德华不是纯粹的盎格鲁—撒克逊人，之所以这么说，是因为不但其母是来自“诺曼底的宝石”，而且爱德华自己也在母亲的娘家生活了很长时间，并与其亲族来往密切，所以说他是操一口古法语的英格兰国王。

虽然爱德华作为武人的评价不高，但拥有“忏悔者”之名的他与罗马教会的关系良好，他对伦敦西部威斯敏斯特的本笃派修道院进行了大规模的重建。此外，他还与埃德加时代设置的文书处理官相配合，开始启用国玺。不过爱德华的最大政治理念在于，他试图对当时英格兰国内的本地要素和北海（诺曼）要素进行平衡。为此，他迎娶了威塞克斯的贵族戈德温家族的伊迪丝，并通过重用该家族成员，表示对北海—诺曼底关系的重视。

父亲埃塞尔雷德二世意外死亡，母亲艾玛与敌将克努特再婚，爱德华凝视着母亲逡巡其间，并与王后伊迪丝的娘家关系微妙，就算不是研究莎士比亚的学者，也能想象到一场“丹麦王子哈姆雷特的悲剧”即将上演。

1066 年的两次决战

1066 年 1 月，忏悔者爱德华无嗣而终，贤人会议推举王后的哥哥、威塞克斯戈德温家族的哈罗德伯爵继承王位（1066 在位）。这引起了同样是戈德温家族成员、与哈罗德不睦的弟弟托斯蒂格的异议。后者遭到兄长放逐，逃亡挪威，并在挪威国王哈拉尔·哈德拉达的支持下，宣称自己是克努特国王的王位继承人。

另外，艾玛的侄子即忏悔者爱德华表兄弟的儿子、诺曼底大公吉约姆（威廉）[1]，宣称曾在爱德华生前被指定继承王位，并称当时哈罗德伯爵也曾在场立誓。如果这个说法成立，哈罗德便成了“王位篡夺者”，必须对其讨伐。就此，吉约姆开始整顿军备，并与教廷交涉拿到了教皇旗。

如前所述，取得王位的正当性须同时具备三大要件：第一，血统的正统性；第二，贤人集团的推举；第三，上帝即教会的庇佑。只有全部条件得到满足，才能断绝争议。如果有一点疑义，持有部分正当性的人之间，就只能通过武力来证明上帝庇佑哪一方了。

这一年春天出现了哈雷彗星，不知是吉兆还是凶兆。

吉约姆大公向诺曼底的战士们发出参战动员，并正在建造船只和收集马匹，这一消息已经传到哈罗德的耳朵里。哈罗德一方也并没有坐以待毙，他于 8 月派兵到英格兰南岸，驻扎在预计敌军可能登陆的地点。但是，经过漫长的等待，诺曼底的船队并没有现身。过去有学者从风向的角度解释过其中的原因。根据鹤岛博和的研究，要想动员船只和渔民，海峡的鲱鱼渔期是决定性因素。的确，在没有常备海军的时

1　吉约姆的法语名为Guillaume，英语名为William。

代，没有渔民的协助，是不可能发动海战的。

在这种情况下，9 月 19 日，哈罗德国王的弟弟托斯蒂格随挪威国王哈拉尔·哈德拉达的船队在英格兰东北岸登陆，攻占了约克，并建立了营地。听到报告后，哈罗德毫不犹豫地率兵在四天中急行军 300 公里，对“叛军”进行了突袭。托斯蒂格和哈德拉达的军队溃散，二人均战死。这一天是 9 月 25 日，哈罗德粉碎了挪威国王支持的同族叛乱。

然而，三天后，哈罗德接到了吉约姆的军队出现在不列颠南岸的急报。这是瞄准英格兰鲱鱼渔期的袭击。哈罗德急忙赶回南方，但威廉的军队已经登陆，并建立了据点。

英格兰（哈罗德）军在黑斯廷斯一个向内陆延伸的缓坡布阵。10 月 14 日早晨，诺曼军在缓坡两侧的浅滩举起教皇旗，以弓兵、枪兵、骑兵波状进攻的形式开始了决战。以步兵密集军团作战的英格兰军顽强防守，双方展开了拉锯战。下午，诺曼军的弓兵改变了战术，他们抬高发射角度，使箭矢雨点般倾泻到英格兰军后方的贵族头上，其中一箭命中了国王哈罗德的眼睛。英格兰方面由于失去了指挥，迅速陷入混乱，血流成河。

巴约壁毯

从忏悔者爱德华、哈罗德伯爵和吉约姆大公的战前更迭到黑斯廷斯之战，“巴约壁毯”记录了这段历史。这是一幅长 70 米的刺绣绘卷，描绘了吉约姆大公讨伐篡位者哈罗德的正当性，主题雄辩，画面血腥，保存在诺曼底巴约主教堂中，象征着跨越英吉利海峡和北海的王室命运的转变。

虽然战争是场灾难，但吉约姆大公的军队就像上帝之鞭，对违背誓约的哈罗德进行了惩罚，其所持的教皇旗则彰显了神意之所在。此外，短发的诺曼战士、数量众多的船只和战马、严密的阵列以及残酷无情的战斗场面，都在壁毯上生动地表现出来。

图 2-3　巴约壁毯（局部）。1066 年决战前夕，吉约姆与哈罗德在进行交涉。

英格兰的王位再次在诺曼复合体中摇摆，但这次不仅是北海，还有英法海峡以及罗马教会被卷入其中。而吉约姆大公和托斯蒂格、哈德拉达王之间是否真的有过合作或串谋，至今仍不得而知。

第3讲

横跨海峡的王朝

爱德华一世和议会，王座中的是长腿爱德华，相随左右的分别是苏格兰王和威尔士公爵，在两端就座的是两位大主教。大厅正中央是司法界贵族，左侧是宗教贵族，右侧是世俗贵族。

大事年表

1066 年	征服者威廉一世（—1087）即位 诺曼建筑、中古英语开始出现
1069 年	［S］马尔科姆三世与玛格丽特结婚
1135 年	争夺王位的内战（—1154）
1154 年	亨利二世（—1189）即位，随后对法律和行政进行整饬，并远征爱尔兰
1189 年	狮心王理查一世（—1199）即位，第三次十字军东征
1199 年	失地王约翰（—1216）即位
1215 年	《大宪章》
1216 年	亨利三世（—1272）即位；衡平法院、财政署确立
1264 年	西蒙·德·蒙福尔叛乱（—1265）
1272 年	爱德华一世（—1307）即位 在此前后出现了《亚瑟王和他的骑士》的手抄本
1276 年	威尔士战争（—1283）
1296 年	苏格兰独立战争（—1357）
1327 年	爱德华三世（—1377）即位
1337 年	英法百年战争（—1453）
1348 年	黑死病席卷全国（—1350）
1381 年	人头税，农民起义（沃特·泰勒之乱）
1400 年以前	乔叟完成《坎特伯雷故事集》

续表

1422 年	亨利六世（—1461，1470—1471）即位
1455 年	玫瑰战争（—1487） 同时期，福蒂斯丘著《英格兰的续治》 同时期为英格兰文艺复兴鼎盛期

1 从诺曼征服到安茹王朝

征服者威廉

1066 年圣诞节，在威斯敏斯特修道院的教堂，吉约姆大公作为英格兰国王威廉接受了加冕（1066—1087 在位）。在忏悔者爱德华长眠的这个教堂里，聚集了诺曼战士和归顺的英格兰人，由约克大主教艾尔雷多为新国王施以涂油礼。征服者威廉以此完成了包含王位传承、国民认可和上帝庇护的三重政治表演。从威廉开始至今，几乎所有的英王加冕仪式都是在威斯敏斯特修道院举行的。英格兰或联合王国的国王，列称为一世、二世的惯例，也是以诺曼王朝为起点的。

虽然这一历史变局被称为“诺曼征服”，但并不意味着社会连续性的中断。最重要的是，无论权力者如何变化，劳作的人民都不会改变。另外，英格兰作为已经形成了一定同一性的王国，有超越治世而继承下来的政治文化。无论是身为丹麦人的克努特，还是身为半个诺曼人的忏悔者爱德华，都尊重传统的贵族、郡制及司法。征服者威廉得到的英格兰，是一个已经具有成熟的社会政治、只需继承传统的国家。

盎格鲁—诺曼复合体制

尽管如此，诺曼王朝的建立仍然具有划时代的意义，并为英国历史带来了不可逆转的变化，这样说的理由有三。第一，盎格鲁—诺曼复合国家的确立。同样是被大海包围的复合国家 / 帝国，丹麦人的海洋帝国隔着北海朝向斯堪的纳维亚。克努特与先王的王后再婚，明确表达了其与英格兰旧有政治体制的连续性，以及与传统贵族共存的态度。与之相对的是，诺曼人的海洋帝国，将英吉利海峡夹在中间，朝向的是法国以及罗马教会。与斯堪的纳维亚不同，法国和罗马是中世纪欧洲政治和宗教的中心，因此英国史便与欧洲史的演进产生了直接的关联。

由于在哈罗德与托斯蒂格及挪威王之战中，能够继承忏悔者王位的竞争者已经被全部扫除，因此在诺曼征服过程中失去领主的土地，便被作为封土赐给了黑斯廷斯战役的胜利者——诺曼底战士们。主教、修道院院长等高层教职者，也在几年内悉数换成了法国或意大利的教职者。就这样，英格兰被历史学家所称的“盎格鲁—诺曼”复合型社会 / 政体所取代，无论是世俗社会还是宗教界都没有幸免。

第二，编纂统治清册。镇压叛乱，远征威尔士和苏格兰之后，威廉让人编纂了英格兰的检地清册。不仅领地的大小和地形，就连领主权利关系、家畜的数量甚至价值都在调查范围内。以此为基础的生死簿，当时被英格兰社会以带有基督教审判日和命运之日的意味称为《末日审判书》。这是在同时期欧洲其他地区看不到的、带有中央集权性质的调查账目。

第三，文化的转换。虽然诺曼人也是维京人的后裔，但他们定居在诺曼底，说着古法语，是基督教的忠实拥护者。其时正值教皇格列高利进行教会改革，英格兰的教会也乘机以排除“旧弊”为名进行人员清洗。为了体现征服王朝强大的力量和意志，他们还在各地建造了以伦敦塔为代表的城堡以及威斯敏斯特和达勒姆等地的大教堂，对英格兰施以威压态势。这些以坚牢的石柱、石墙和半圆形拱顶凸显力量和高度的建筑，在欧洲被称为“罗马样式”，在英国则被称为“诺曼样式”。这种盎格鲁—诺曼混合风格也是建筑史上的一个里程碑。

必须提到的还有语言，在原住民的古英语得以留存的同时，古法语作为新领主的语言也被引入英格兰社会。例如，牛、羊、猪，只要在田间就用古英语 ox 或 cow、sheep、swine 称呼，但一上领主的餐桌就要用古法语 beef、mutton、pork 来或 bacon 来称呼。农民吃的饭是古英语 meal，而领主的盛馔则是古法语 dinner。这样一来便在增加词汇和措辞形式的基础上，形成了中古英语（Middle English）。

大不列颠的南部就这样被编入了盎格鲁—诺曼复合体制。

有中世纪史学家把 1066 年到 1280 年称为“漫长的 12 世纪”。因为在此期间，不仅英国成为欧洲历史舞台上的主要成员之一，塑造不列颠诸岛内部认同的重要事件也接连上演。在这特别漫长的 12 世纪过后，从长腿爱德华（后述）统治时期开始，英格兰与威尔士、苏格兰的关系基本定型，人口达到了中世纪的顶点，百年战争的前哨战也拉开了帷幕。本讲将在第 1 节和第 2 节主要叙述 1300 年以前的历史，在第 3 节叙述 1300 年之后的历史。

迈进安茹王朝

征服者威廉去世以后，诺曼底公国和英格兰王国被其后人分别继承。在 12 世纪中叶的内战中，胜出的是威廉的孙女玛蒂尔达（1102—1167）。有一部由 K. 弗雷德导演的历史电视剧《大教堂》，反映了玛蒂尔达（又名莫德[1]）时代英国王室的骨肉之争、教会职务续任权问题，以及建造了以尖头拱门及飞扶壁为特征的哥特式建筑工匠集团。

玛蒂尔达在前夫皇帝海因里希五世死后，与法国中部的安茹伯爵杰弗里（若弗鲁瓦）再婚。这次再婚所带来的还有金雀花家族的伯爵领地及其强力意志的基因。所谓金雀花，

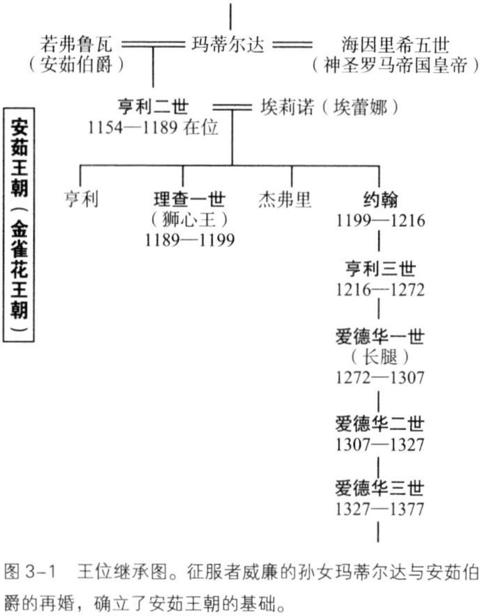

图 3-1　王位继承图。征服者威廉的孙女玛蒂尔达与安茹伯爵的再婚，确立了安茹王朝的基础。

1　玛蒂尔达的撒克逊语名为Maud或Maude。

是一种黄色花朵（plantagenet）的别名。而习惯上一般将安茹、曼恩和图赖讷三个伯爵领地合起来称为“安茹”。

1152年，玛蒂尔达和杰弗里之子亨利（昂利）在19岁的时候，与阿基坦女公爵埃莉诺（埃蕾娜）结婚。当时埃莉诺30岁，刚和法国国王路易七世离婚。虽然已为成熟女性的埃莉诺比亨利年长许多，但她美丽而富有才智。恩爱的两人共生下了八个孩子。两年后，亨利与他的王后一起在威斯敏斯特教堂接受教会加冕，成为亨利二世（1154—1189在位），开启了安茹王朝。

复合君主亨利二世

亨利二世不但从母亲手中继承了英格兰王国，还继承了父亲杰弗里的诺曼底公爵和安茹伯爵领地，又因迎娶王后埃莉诺得到了阿基坦公爵领地，从而成为统治上述地区的复合君主。其领土、财产跨越海峡，北至哈德良墙，南达比利牛斯山脉，形成以法兰西岛为中心的南北跨度约1400公里的广大疆域，版图面积远超中世纪的法兰西王国。虽然其也被称为“安茹帝国”，但并非如近代帝国一般由中央政府统一施政，而是以同君联合形成的国家，内部存在多个拥有独立文化和法律的政治社会实体。

在威斯敏斯特的加冕仪式上，亨利二世在上帝和英格兰人民面前起誓，将循忏悔者爱德华的先例，保护教会和祖先的土地，并践行法律和正义，抑止恶弊。他在各郡设置了郡守，又将全国分为六个巡回区，重大案件由中央派遣的巡回法官团进行判决。这样就在全国范围内完善了法律和行政制度，其作用也逐步显现。亨利不仅曾数度引兵威尔士，还在教皇的许可下于 1171 年至 1172 年对爱尔兰发动了进攻。对这两个地区来说，亨利的企图是在 100 年后复制诺曼征服。

亨利二世最信任的朋友是诺曼系伦敦商人托马斯·贝克特（1118—1170）。国王先是任命贝克特为大法官（尚书部长官），后又推举他为坎特伯雷大主教。然而，成为大主教的贝克特却热心于在英格兰推动当时席卷欧洲的教会改革。

图 3-2　埃莉诺王后。其墓碑上写着“富有才智的埃莉诺”字样。

他力图净化教会，并使其摆脱世俗权力的控制。与 90 年前发生在教皇和神圣罗马帝国皇帝之间的“授任权斗争”相类似的纠纷，如今在英国大主教和国王之间重新上演。对亨利二世来说，正是因为与其有着故友间的愉快回忆，才会产生被拒不妥协的贝克特背叛的感觉。于是四名骑士化身为激昂的国王意志，前往坎特伯雷大教堂杀死了正在礼拜的贝克特。这一事件发生在 1170 年严冬时节的 12 月。

教廷将托马斯·贝克特封为殉教者并列圣。四年后，亨利以赤脚忏悔者的身份前往坎特伯雷礼拜，他不得不在祭祀“圣托马斯”的祭坛前被修士们鞭打，从而以英国版的“卡诺莎之辱”祈求教廷宽恕。

骨肉相残

亨利二世的苦难还没有就此结束。在与埃莉诺结婚，生活了十几年后，亨利的感情开始转向其他女性。如果是普通的王公贵族发生婚外恋可能并不是了不起的问题，但由于亨利对于其情妇格外执着，埃莉诺受到了深深的伤害。此时，成年的王子们也全部对父亲树起反旗。虽然国王与王子之间的对立也并非稀奇之事，但在这种情势下，国王、王后和王子之间的争斗引起了法国国王的觊觎。再往后，几个兄弟之间也开始了相互猜忌。

在两位王子早逝后，亨利二世又得知王后、三子理查、幼子约翰以及法国国王腓力二世（尊严王，1180—1223 在位）都在密谋组织叛乱，于 1189 年愤然离世，时年 56 岁。电影《冬狮》将背景设定在 1183 年冬的西诺恩城，由彼得·奥图尔饰演亨利二世、凯瑟琳·赫本饰演埃莉诺王后、年轻的安东尼·霍普金斯饰演理查王子。影片展现了卢瓦尔河流域的美丽风景，以及安茹王室的爱憎和认同危机，堪称历史名剧。

理查（1189—1199 在位）即位后，成了一位勇猛果敢的军事统帅，绰号"狮心王"。他与老相识腓力二世一起组织十字军，剑指圣地耶路撒冷，不过法军中途返回了。与穆斯林的战争极其困难，两年后，狮心王在从叙利亚归来的路上沦为俘虏。得知此事后，弟弟约翰竟然起兵争夺王位。

腓力二世趁机得到了诺曼底。理查被母亲埃莉诺筹措高额赎金赎回。获释后，他把精力都用在了收复失地上。

然而兄长死后，王位还是由弟弟失地王约翰（1199—1216 在位）继承，据传约翰是个滑头、多疑和无情的人。虽然他即位后不久，祖地诺曼底和安茹便再次被腓力二世夺走，但他没有能力召集军队为其而战，使跨越海峡的安茹王朝失去了核心地区，只剩下英格兰和法国西南部的阿基坦地区。

《大宪章》与文牍行政

国王约翰的名字，因《大宪章》和“侠盗罗宾汉”的传说而广为人知。约翰失去祖地、没有定见、征课重税、屡次战败于法王、被教皇开除教籍，完全没有凝聚力。1215 年 6 月，各地诸侯（男爵）和伦敦市民要求与国王谈判，约翰不情愿地答应了。他在泰晤士河中游的拉尼米德草地与代表举行了会谈，在一份罗列了国王不能做的事、诸侯的特权和封建惯例等内容的文件上签了字。后世将这份文件称为《大宪章》。

但签字后，约翰立即宣布其无效。这引发了持续的内战，还让腓力二世再次有机可乘。约翰死后，诸侯们在年仅 9 岁的亨利三世（1216—1272 在位）的即位仪式上，再次拿

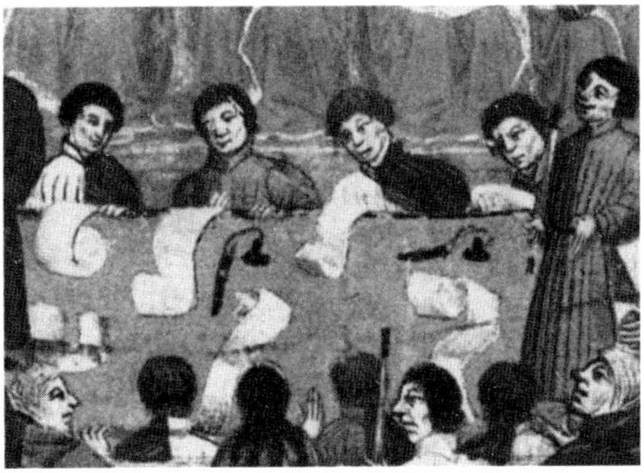

图 3-3　书记员与兽皮纸。

出了《大宪章》。这份经过再三签署的文件，今天仍有若干手抄复本存世。《大宪章》规定了禁止君主滥用权力，统治须依据法律和惯例，以及应尊重诸侯建言和进行协商的原则，这就是被后世称为“有限王权”的英国国家制度的原型。虽然绝不能称其为民主主义最初的宪章，但这却是底定政治社会原理的基本法。近现代的人权宣言和各国宪法，都有相当部分以《大宪章》为基准的理由即在于此。

如果把《大宪章》放在10世纪以来的英格兰国家形式中考量，能得出什么结论呢？可以说这既是证明由于约翰王的失政（中世纪的家产制复合国家功能不全）而引发了事端的文件，又是以法律和文牍为基础的政治发展历程中的里程碑。

正因如此，亨利三世年少时的统治是由摄政集团来完成的，这使衡平法院（chancery，后来的大法官法院）和财政署的重要性陡增。通过敕令和巡回审判制度，王权的意志渗透到了全国。虽然此时的英格兰仍然是一个家产制国家，但无论国王是否具有领导魅力，宫廷中是否活跃着贤能的宰相，单独依托行政系统便已经可以使国家运转起来，即M.韦伯所说的“合法统治”的萌芽，在13世纪已经开始发挥作用了。其中，行政工作的具体支撑是纸（兽皮纸）、墨水和书记员（行政官）。从研究者的角度来看，文字史料的数量在这个时期也开始明显增加。

相对于罗马法及教会法，英国法被称为普通法。这是因为，第一，它不是制定法（成文法），而是依靠判例累积的习惯法系统；第二，它是由全国巡回的法官团担保的普通法体系。威斯敏斯特厅是英格兰政治和法律的中心，这座诺曼式建筑也是当时欧洲首屈一指的世俗建筑。

11—13 世纪，牛津大学和剑桥大学相继诞生。这既是当时社会读写能力和学术发达的证明，也是宗教和世俗领域文牍行政所带来的人才需求的产物。最能反映这一点的是在中古英语和现代英语中，“clerk”不但指神职人员和学者，也指代书记。

② 英格兰与威尔士、苏格兰

诸侯叛乱与王国共同体

亨利三世治世后期，不但经常发动无意义的军事行动，还将法国南部出身的人作为宠臣纳入宫廷。而且，为了让王子成为西西里国王，他还试图为教皇承担债务，但没有得到诸侯的支持。

1258 年，在西蒙·德·蒙福尔的率领下，各地诸侯在一起举行了诸侯大会，这等同于一场政变。1264 年，内战终于爆发，蒙福尔的军队与韦尔斯结盟，逮捕并囚禁了国王、王弟和王储，由诸侯和各郡的骑士、城市代表组成的议会掌握政权。这里的诸侯大会、议会都可以翻译为 parliament，相当于现代议会或国会的前身。在 1264—1265 年的议会选举中，又加入了平民出身的各郡骑士和城市代表，可以说是身份制议会的原形。有的观点认为议会是“王国共同体的福利”。虽然“王国共同体”是英格兰的领主、骑士、市民代表的集合，但领导人蒙福尔自身却拥有法国贵族之子和国王妹夫的复杂身份。

不过，王储爱德华逃脱后重新组建军队，打败了蒙福尔的士兵。蒙福尔作为叛徒被处决，并被残忍地分尸。这与其说是对政治犯施以极刑，不如说在发泄郁积的感情。在英格兰定居了几代的盎格鲁—诺曼集团的“王国共同体”，由于与参与其中的宠臣和外国商人反目成仇，加上国王的恶政，导致了排外情绪的爆发。这种情况再与威尔士叛乱和苏格兰问题叠加，到 1300 年左右，英格兰的政治局势已经空前紧张。在以往的教科书中，蒙福尔的叛乱及其组织的议会往往被评价为宪政史上划时代的事件，但其实不如将其看作中世纪英格兰社会对国家复合制和政治秩序认同感的一次“火山喷发”。

1300 年的不列颠诸岛

王储爱德华在十字军远征中继承王位，加冕为爱德华一世（1272—1307 在位）。他绰号长腿，是一个身高 185 厘米，生有一双长腿，富有行动力的将军。此外，他也被视作

“法律之源”，从各方面来说都是无可挑剔的中世纪君主，至少在英格兰人看来是这样的。按照惯例，不是将忏悔者爱德华，而是将这位“长腿爱德华”列为爱德华一世。

经过爱德华一世35年的统治，英格兰经济繁荣，人口达到了中世纪的最高水平。蒙福尔叛乱一度使爱德华一世沦为阶下囚，他以此为教训，尊重议会和法律。另外，他还广开财源，以十字军军费为由开征教会税，并考虑对羊毛出口课以关税，这是对在其父王统治期间发达的文牍行政系统的活用。虽然国王征税需要议会的承认和同意，但是人们若对此不满，也可以向议会请愿。

英格兰与尚处于星云般混沌状态的威尔士、苏格兰、爱尔兰，以及法国的关系，也在他的统治期间成型。以议会承认的税收为基础，爱德华发动了一系列战争。爱德华的另一个绰号是“苏格兰之锤”。他不仅挑起了苏格兰独立战争，在不列颠诸岛撒下民族问题的种子，还驱逐犹太人，并开启了百年战争的前哨战。但是，并不能说爱德华的所作所为是施以恶政，他甚至可以算是一位兼具能力和进取心的中世纪君主，也正因如此，围绕认同和秩序的积年课题层出不穷。

长腿爱德华与威尔士亲王

早期的威尔士，分成若干部落，小王群雄割据。无论是古代的罗马军队，还是中世纪的英格兰国王，都曾试图攻打高山和峡谷林立的威尔士。13 世纪中期，小王卢埃林·阿普·格里菲斯（1282 年殁）通过与西蒙·德·蒙福尔合作，确立了自身对亨利三世的优势。1267 年，亨利承认卢埃林为威尔士亲王（Prince of Wales），使卢埃林通过形式上臣服于英格兰国王，成为威尔士的唯一君主。

但长腿爱德华不承认这一点，他迅速筑起了 10 座城池，再次侵入威尔士。1282 年，威尔士亲王卢埃林战死；他的弟弟大卫也于翌年被捕，在伦敦被处死并分尸。长腿爱德华没收了威尔士亲王的领地，封自己的王子为“威尔士亲王”，并于 1301 年立其为王储。自此以后，“威尔士亲王”就成了授予英格兰国王长子或王位继承权第一顺位者的称号。

苏格兰独立战争

这一时期，苏格兰北部和西海岸（维京常用航线）虽然是挪威王国的领土，但是在低地地区出现了被称为“阿尔巴”或“斯科西亚”的王国。11 世纪晚期，马尔科姆三世娶了英格兰贵族公主玛格丽特为王后，英格兰的文化、信仰及语言在苏格兰地区得到了普及。嗣后，他成为苏格兰国王。

1286年，苏格兰国王亚历山大三世（1249—1286在位）落马而死，唯一继承其血脉的公主也在从挪威回航的途中死去。由此，对苏格兰主张宗主权的长腿爱德华成为王位继承人委员会的仲裁者。经过18个月的讨论，约翰·巴里奥尔（1292—1296在位）被定为国王，但他必须臣属于爱德华，为其对法国的战争征召苏格兰人。愤怒的“苏格兰王国共同体”决定向法王接近，以示对抗。所谓敌人的敌人就是朋友，苏格兰和法国就此结为“老同盟”。

1296年，“苏格兰之锤”爱德华一世以该同盟为由攻入苏格兰，不但俘虏了巴里奥尔，还夺走了用于国王即位仪式的圣物“斯昆石”和王冠，拉开了苏格兰独立战争的帷幕。爱德华将拒不归顺的骑士威廉·华莱士俘虏后，将其作为反叛者在伦敦桥公开处以极刑并分尸。这是伦敦桥最早的悬首示众。然而1314年，由英俊的爱德华二世（1307—1327在位）统率的英格兰军队又在班诺克本大败。梅尔·吉布森的电影《勇敢的心》，不但从苏格兰人的角度描写了这场战争的经过，还充分表现了爱德华二世的王后伊莎贝拉（卡佩王朝的公主）的美丽。

1328年，爱德华三世（1327—1377在位）签署了承认苏格兰独立的条约，教皇达维多二世（1329—1371在位）亲自为苏格兰国王施以涂油加冕礼，以示对其合法性的承认。但是爱德华三世又趁机占领了苏格兰南部。1357年在签署贝里克条约时，达维多被拘禁。结果，长达61年的苏格兰独立战争种下了英格兰与苏格兰之间敌对的种子，且遗恨之情一直在后世流传。

一直到15世纪，挪威王国对苏格兰的影响才被彻底消除。此时已是斯图亚特王朝时期，虽然苏格兰居民已经开始同时使用英语和盖尔语两种语言，但此地仍然成了一个拥有苏格兰人身份认同的王国。

亨利二世时期，开始有英格兰贵族渡海来到尚处于群雄割据状态的爱尔兰，进行殖民活动。1171年，亨利二世亲自率领400艘战船远征爱尔兰，占领了都柏林、韦克斯福德和沃特福德。“从远古时代就享有自由的人民”从这时起首次被迫屈服于英格兰王权之下。1315年，苏格兰的布鲁斯兄弟在爱尔兰组织了反英同盟，与英格兰殖民者进行斗争。此后英格兰人的殖民地转为守势，其范围逐渐收缩到都柏林周边的殖民地围篱以内。

爱德华一世与议会

后世有一幅流传颇广的关于 13 世纪末爱德华一世与议会的绘画（章首图），虽然人物形象看上去有些可爱，但这却是一幅极具政治意涵的作品。正面王座中是长腿爱德华，身前左手位是苏格兰国王亚历山大三世，右手位为威尔士亲王卢埃林。坐在左右两端的分别是坎特伯雷大主教和约克大主教。大厅中左侧一排是高级神职人员（宗教贵族），右侧为世俗贵族。坐在正中间红色座椅中的是司法贵族，跟前还绘有两名书记员。

历史上，长腿爱德华与亚历山大三世和卢埃林亲王从未共聚一堂。因此无论是两王臣从于英格兰国王，还是爱德华一统不列颠教俗两界贵族的景象，都是后世的创作。此外，这幅画中既没有爱尔兰的信息，也没有平民院（下议院）的议员。实际上，议会分为贵族和平民两院已是 14 世纪的事了。

亚瑟王与骑士的故事

在不列颠岛上，一直流传着特洛伊武士后裔布鲁托的传说，还有凯尔特之王亚瑟的武勋与罗马之行、圆桌骑士们、圣杯、梅林的魔法、兰斯洛特与宫廷爱情、特里斯坦与伊索尔德等各种主题的故事。最早大概始于5—6世纪凯尔特之战期间的口传故事，经过吟游诗人的口口相传，到12—13世纪由蒙茅斯的杰弗里（Geoffrey of Monmouth）等人的作品确定了这些故事的全貌。

将代表英国创世神话以及讴歌凯尔特自由精神，关于纵横中世纪欧洲大陆的亚瑟王和他的骑士们的爱恨生死故事扩散开来的，是作为征服者的亨利二世、爱德华一世和爱德华三世。也就是说，安茹王朝强夺了失败者的传说，在全欧范围内用创世神话丰富的内涵对其扩张行动进行了宣扬。在后来的都铎王朝、近代的浪漫主义以及今日的虚拟世界中，亚瑟王的形象反复再现，已经成了不朽的英雄传说。

❸ 百年战争与黑死病

百年战争

从 1337 年到 1453 年，以现在的法国及其周边地区为舞台，英法两国展开了漫长的纷争。以“百年战争”命名的这段历史始于 19 世纪，在决定着英法两国命运的大战争中，法国方面被欠缺爱国之心的王公贵族拖了后腿，直到圣女贞德登场后才得以扭转局势，这种概括其实是现代人的时代错误（anachronism）。百年战争中“好像是国家的东西”其实不过是贵族家产，而真正的英国和法国却是在百年战争之后出现的。

关于百年战争的相关研究，有城户毅的《百年战争》和朝治启三等的《中世纪英法关系史》珠玉在前。相对于追溯战争经过，本书更关心两国的争执点是什么。所谓百年战争，首先是围绕阿基坦地区的统治问题，其次是围绕法国王位继承的纷争。

虽然英格兰国王和法国国王是同等地位的国王，但是安茹家族在欧洲大陆的身份是安茹伯爵与阿基坦公爵，其地位在法王之下。1259 年，亨利三世以阿基坦公爵的身份向法国国王路易九世宣誓效忠。只要法国国王不在阿基坦地区扩张势力，就不会出现现实问题。

但是，卡佩王朝的法国国王代代致力于以祖地法兰西岛为中心向周边扩大领土。特别是腓力四世以宗主权为借口介入了阿基坦内乱，导致了 1294 年加斯科涅战争的爆发。如前所述，这使长腿爱德华继征服威尔士和苏格兰战争之后再次陷入了战争的泥潭。同时，苏格兰和法国结成“老同盟”，向弗兰德（现在的比利时）出兵，开启了百年战争的前哨战。

总之，处于混沌状态的阿基坦地区的中世纪秩序，以及意图干涉该地的两个王权之间的纷争，才是百年战争的最初形势。作为阿基坦公爵的“黑太子”爱德华（爱德华三世的长子）试图彰显统治这片土地的强烈意志，如狮子奋迅般发动了战争却意外病死，导致当地势力被处于瓦卢瓦王朝的法国王权所控制，结束了百年战争的第一个回合。

王位继承战争

从法国方面来说，1338 年卡佩王朝男嗣断绝，瓦卢瓦家族的腓力六世（1328—1350 在位）登上了王位，并由此产生争议。而围绕法国王位继承问题的战争则构成了百年战争的第二个回合。

卡佩王朝美丽的公主伊莎贝拉之子英王爱德华三世，以血统的正当性为由起兵要求继承法国王位，并于 1340 年在根特举行了即位仪式。1431 年，英格兰国王亨利六世（1422—1461、1470—1471 在位），作为瓦卢瓦王朝公主卡特琳娜的儿子，又宣称有权继承法国王位，在巴黎举行了加冕典礼。莎士比亚在其晚年作品《亨利五世》的开场，曾安排了不承认女性王位继承权的“萨利克法”在并非蛮族土地的高卢和英格兰是否适用的法学问答，这也是百年战争中爱德华三世及亨利六世作为法国国王的加冕正当化的根据，其实质是安茹王朝的战争剧本。

然而，英格兰的王权也并非坚如磐石，爱德华二世和理查二世（1377—1399 在位）皆因失去凝聚力而被废位。故英法各王在面临内忧外患的同时，不得不向国内外宣明其王位的正当性。在法国，贞德挺身而出，支援了岌岌可危的查理七世及瓦卢瓦王朝。而英国方面，在战争初期基于爱德华三世强大王权的安茹王朝，也在 14 世纪末失去了国内信任，取而代之的兰开斯特王朝也软弱无力。

百年战争中，英格兰的安茹王朝和法国（卡佩王朝，瓦卢瓦王朝），以及各领邦、弗兰德、勃艮第、苏格兰、西班牙甚至教廷之间合纵连横，相互缠绕。城户毅将中世纪欧洲政体之间的纠结比喻为“连体双胞胎”，“百年战争像外科手术一般，将一切切割开来”。与其说是双胞胎，不如说是五子或六子纷争。而且这些孩子般的政体不久便丧失了生命，于是不管是英格兰还是法兰西，都在逐步朝着民族国家的方向过渡。

葡萄酒：真正的焦点

如前所述，百年战争的第一根导火索是阿基坦地区的统治问题。阿基坦地区（加斯科涅）本身是著名的葡萄酒产地，很早就向英格兰出口葡萄酒，并进口谷物。著名葡萄酒产地圣埃美隆村所持有的世界上最古老的自治权证书，便是 1199 年失地王约翰作为阿基坦公爵所授予的。

红葡萄酒在教堂弥撒中被作为耶稣之血的象征，也是王公贵族宴会时不可或缺的饮料，并且被当时的青年精英纳入寝食生活，成为大学宿舍和法律学院餐桌上的必备品。

但是，不列颠诸岛并不出产葡萄酒。中古英语或古法语的claret，即鲜红的葡萄酒，也许才是百年战争的第三个甚至或许是真正的焦点。虽然葡萄酒的品质在近代有所改良，但“克拉雷”一词至今仍为英国精英所使用，用以指代当今原产地品牌（AOC）圣埃美隆、梅多克等广义上的波尔多葡萄酒，即芳醇的红葡萄酒的统称。

结果，由于1453年波尔多市沦陷，英格兰王国失去了阿基坦，百年战争就此结束。因为当时并没有签订停战协定，所以其后英国对法国仍有零星出兵。法国王朝花费百年时间，终于赶走了英格兰势力，开始实际统治阿基坦。不久后，法国又陆续兼并了勃艮第公国和布列塔尼公国，奠定了近代王国的基础。

玫瑰战争

与之相对，虽然英王将“英格兰暨法兰西之王”的称号一直保持到1800年，但1558年已经失去了在法国的桥头堡加莱。作为这一称号的遗痕，诺曼底半岛附近海域上的海峡诸岛（泽西岛、根西岛等）至今仍是英国的领土。百年战争结束以后，作为从法国切割出来自立的“连体双胞胎”中的一个，英国开始考虑在不列颠诸岛上营造一个小型的国家。

这一国家设想中不但包括对英格兰的统治，也包含了对威尔士和爱尔兰的重新征服。

不过，百年战争结束时，32 岁的亨利六世陷入了痴呆状态，虽然后来恢复了意识，但是留下了严重的残疾。此后英格兰没有找到在血统和贵族总体意向两点上都无可挑剔的王位继承人，并且因此陷入了近 30 年无休止的内战。在血流成河的内战中，废黜国王和继承人被杀成为家常便饭，这一时期被近代人称为“玫瑰战争”（1455—1487）。虽然主要的争斗是在兰开斯特家族（红玫瑰）和约克家族（白玫瑰）之间展开的，但各个家族内部也蔓延着相互猜忌，就像莎士比亚在《理查三世》开头所说的“不满的冬天（the winter of our discontent）难以放晴”。加上百年战争败北归乡的骑士集团，暴力和私斗看起来将永无止境。

黑死病及之后的情况

让我们将时间稍稍回溯，在百年战争进行的同时，欧洲全境也在遭受着一场动态人口危机。

据记载，大约在 1300 年爱德华一世统治时期，不列颠岛的总人口约为 800 万，其中英格兰人口为 400 万，圈养羊只 1400 万，在中世纪达到了繁荣的顶点，同时也触及了粮食供给的上限。1347 年，掌握了价格规律的民众开始采取主动行动，袭击了装载谷物的船只并强行卸下货物，“以他们规定的价格”进行自主出售。B. 沙普认为这是英国历史上最早的农民起义。

翌年起，黑死病（鼠疫）开始出现在不列颠诸岛，并于 1348—1350 年大流行，之后又反复出现小规模流行。黑死病的影响是巨大的，它造成了 30% 以上的人口死亡，由此开启了中世纪社会从长期停滞向社会性质改变的大转折。关于黑死病之后的英国，需要指出以下几点。

黑死病最重要的影响是使岛内人口骤减，并在之后很长一段时间内都没有恢复。特别是城市人口明显减少，村落在这一时期也有消失的情况。这是一个任何人都可能被死神诅咒的时代。

幸存者的命运分为两种。一方面，由于劳动人口剧减，农民与手工业者的地位得到了相应提升，侥幸活下来的民众对雇主的劳动力议价能力大大增强。为了对这种趋势加以抑制，议会先是在 1351 年通过了《劳工法令》，又在 1363 年通过了《禁奢法令》，禁止穿着无法识别阶层身份的服装。（劳动阶层所讲的中古英语在议会和法庭上也是不被使用的。）另一方面，人手减少让领主感到为难。绵延百年的战争得以持续的原因之一，在于领主为了筹集战争费用增加了税收，而尚值少年的国王理查二世又在议会的提议下开征了“人头税”。这成为1381年农民起义的导火索。

1381年起义

1381年5月，各地开始出现驱逐征收人头税的官吏、焚烧政府文件、袭击监狱等行动。特别是在伦敦东南部富饶的肯特郡，农民在两个领袖的带领下进行了有规律的斗争。其中一人叫约翰·保尔，是一位神父，对当时贵族的腐败堕落深恶痛绝，主张废除身份尊卑，实现共同富裕。另一人叫瓦特·泰勒，拥有从军的经验。

6月14日，起义军在伦敦城外会见理查二世，提出废除农奴制，允许自由贩卖劳力和劳动产品，并减免一定地租等条件，全部得到国王应允。乘势而起的起义军把坎特伯雷大主教、高官和外国人逮捕并“处决”。15日，泰勒为了要求更加平等的改革，单独前往会见国王。但他在离开起义部队独自一人后，被伦敦市长沃尔乌斯杀死。失去领导的农民，随即便解散了。

此时农民的处境尚未糟糕到快要饿死的境地，如果是那样，恐怕根本无法起事，只能向天祷告了。无论是泰勒还是农民都无意推翻国王，他们的矛头指向的是国王身边的奸佞

图 3–4　农民起义。率领农民武装的瓦特・泰勒（左）和骑马的约翰・保尔。他们的理想在 19 世纪末被莫里斯复活。

之臣和高级官员，然而农民对国王的信赖遭到了背叛。虽然这次的直接反抗行动无果而终，但约翰・保尔留下了“亚当夏娃男耕女织之时，哪有绅士”的名言，并在流传后世的过程中成为广为接受的社会思想。劳动者的工资，也由此提升到较高的标准。

在起义的影响之下，王权反而得到了扩大。这使理查二世和贵族之间的不信任感不断增强，最终，在 1399 年，议会以“掠夺臣民财产的专制者”为罪状将其废黜。继爱德华二世之后，理查二世成为 14 世纪第二位被废黜的英格兰国王。

中世纪末期的英格兰

作为黑死病后的社会特征之一，宗教信仰出现向非精英人群扩散的态势，即基督教信仰开始从王公贵族间向乡间裾野扩展，并由此出现了前往坎特伯雷向殉教者圣托马斯·贝克特的祭坛朝圣的习俗。乔叟（1400 年殁）就在他的朝圣之旅中，发现了许多有趣的故事，并以中古英语著成《坎特伯雷故事集》。

在瘟疫、战乱横行的不安时代，祭司人数严重不足，主持葬礼之类的工作不得不由世俗人士取而代之。这就出现了由非专业宗教人士用嘟囔的方式诵念经文的“罗拉德运动”。威克里夫（1384 年殁）之后，越来越多的人试图将被禁止翻译的《圣经》译为英语。这一趋势波及范围广泛，还影响到了波希

图 3–5 剑桥国王学院礼拜堂。这是英国著名的哥特式礼拜堂，右边是建于 18 世纪的研究院。位于泰晤士河畔，学院的草地可以放牛。

米亚的扬·胡斯。

此外，向学校等公益团体捐献和创设基金的行为开始蔚然成风，这一点也与宗教人群的扩大不无关系。虽然在此之前牛津大学和剑桥大学已经成立，但作为培养神职人员和行政官僚的学院（college）集合，两所大学分别对各自的中坚学院进行扩充，也是黑死病之后的事情。在苏格兰，圣安德鲁斯大学和格拉斯哥大学也始建于这一时期。英格兰的温彻斯特学校和伊顿学校（后来的伊顿公学）也是在这个时期以少年教育为旨而创建的。从 15 世纪开始，伦敦的四个法律学院垄断了法律实务人员的培养和供给，成为独占法律行业的行会。

经过中世纪末的考验幸存下来的有产者，在每天的生活中都想着上帝与死亡，这促使他们普遍做着某种公益的捐赠。地方教堂的建筑和内部装饰也得以用细长的垂直线条，将英国哥特式建筑和彩色玻璃装饰得非常漂亮。这种样式中最知名的建筑，非剑桥国王学院（1446—1515）莫属。

15 世纪虽然是充斥着暴力和争斗的时代，但正如新井由纪夫指出的那样，从哈斯顿家族等大地主阶层的来往书信中，可以看到人与人之间彼此体谅的纤细情感和平静的心性。总之，社会已经相当成熟，只待新要素的萌发。

第4讲

漫长的16世纪

亨利八世（荷尔拜因画）。这个不断立法的精悍国王，一生都在追求建立强大的主权国家和正嫡王子。

大事年表

1476 年	卡克斯顿将活版印刷带回伦敦，近世英语开始形成
1485 年	亨利七世（—1509）即位，都铎王朝开始
1497 年	约翰 · 卡波特发现纽芬兰
1509 年	亨利八世（—1547）即位
1517 年	路德开始宗教改革
1519 年	卡尔五世即位神圣罗马帝国皇帝（—1556）
1533 年	《禁止上诉法案》成为国家主权宣言
1534 年	《至尊法案》在国教会通过
1536 年	威尔士《联合法案》（1543 年实施）
1538 年	《教区注册法》
1541 年	《爱尔兰王位法》
1542 年	[S] 玛丽 · 斯图亚特（—1567）即位
1547 年	爱德华六世（—1553）即位，不久颁布《公祷书》和《信仰划一法案》
1553 年	玛丽一世（—1558）即位，绰号“血腥玛丽” 不久后，福克斯发表《殉教者之书》
1558 年	伊丽莎白一世（—1603）即位，重新确立国教会 [S] 同时期，诺克斯开始宗教改革
1568 年	低地国家（荷兰）独立战争开始
1567 年	[S] 詹姆斯六世（—1625）即位

续表

1580 年	德雷克开始世界环球航行
1588 年	提尔伯里演说后，英国击败西班牙无敌舰队
1594 年	［I］阿尔斯塔叛乱（—1603）
1600 年	威廉·亚当斯漂流到九州，觐见德川家康 东印度公司成立，莎士比亚创作《哈姆雷特》
1601 年	《济贫法》和《慈善用益法》
1603 年	詹姆斯一世（—1625）即位，斯图亚特王朝开始
1607 年	［I，A］清教徒向阿尔斯塔和北美弗吉尼亚殖民 *
1611 年	钦定《圣经》译本完成，并向全国教会发行
1613 年	东印度公司的塞利斯携“詹姆士大帝”的亲笔信觐见德川家康
1618 年	三十年战争（—1648）
1623 年	安汶事件，此后东亚和东南亚的贸易被荷兰垄断

* ［A］指北美洲殖民地

❶ 1500 年前后的世界与英国

最初的全球化

在百年战争结束的 1453 年，奥斯曼帝国征服了东罗马帝国（拜占庭帝国）。从这时到 1620 年左右的“漫长的 16 世纪”是一个变化和成长的时代，也是大航海、大贸易、大移民的时代。

“漫长的 16 世纪”的特征，首先体现为文艺复兴，特别是人文主义（humanism）。人们在接触到希腊文和拉丁文的古典文献后，体验到了批判性阅读的乐趣。为满足这些需求，活字印刷得以迅速普及。由于人文主义是支撑近代学术和信仰的基础知识，人们也由此了解了古代的历史和思想，基督教会的绝对地位也受到了动摇。甚至出现了由于“人们对人间之事近乎极端的关心”，而将基督教义一笑置之的情况。

其次是对新航路的探索。为了对抗威尼斯人对亚洲财富的垄断，葡萄牙、西班牙和热那亚的船员们开始寻找替代航路，并由此进入了大航海时代。落后于对手的英国试图从北大西洋向西绕行，以找到通往亚洲的航线。在这一背景下，探险家约翰·卡波特于1496年曾到达格陵兰、纽芬兰等地，不过他也是在热那亚出生的水手。

人员和物品，特别是知识，自古以来就在东西方之间流动。这种交流不是间或发生的无关紧要的历史插曲，还产生了一种螺旋效应。也是从这时开始，东西方的交流在更深层次上改变了全球，使世界走向一体化。这也推动了欧洲中世纪的结束和近世的开始。

现在人人都在讨论“全球化”，但全球规模的一体化不是最近才开始的，而是始于漫长的16世纪。第二次全球化是在1800年前后，即工业革命时期展开的。现在我们正在迎来第三次全球化。在这三次全球化中，英国都是积极的参与者，日本也有不同程度的参与。本书会把三次全球化作为关键历史节点，我们将分别在第4讲、第7讲和第10讲进行分析。

但是，全球化所带来的世界结构性的一体化，并没有使一切变得均衡和扁平。各地区被编入世界分工体系后，既增加了交往，也增加了摩擦，并加剧了国与国之间的竞争。伴随全球化最初的跌宕起伏，我们将看到从中世纪开始出现的民族主义和国际秩序问题，在 16 世纪所演变的冲突及其解决途径。在这一过程中起决定性作用的是宗教改革和信仰的变化，以及主权国家和国民意识的产生。相对于中世纪来说，欧洲由于民族国家的大发展而“结晶化”，同时建构出了新的国内秩序和国际秩序，进入了与全球化表里一体的“诸国家系统”时代。而与欧洲各地发生的事件相联动的不列颠诸岛上的社会动向，将在本讲的第 2 节和第 3 节进行叙述。

中世纪留下的资产

在漫长的 16 世纪即将开始之际，我们先来谈谈历史赋予英国人的基础条件，即 1500 年左右英国的资产清单上都有哪些项目呢？大致可以归纳为四点。

第一项资产是人口和社会经济。根据推测，1500 年，英格兰和威尔士的人口约为 260 万，不列颠诸岛的全部人口加起来不超过 440 万。法国作为欧洲首屈一指的强国，人口约为 1600 万，意大利半岛为 1000 多万，伊比利亚半岛为 900 多万。虽然今天英、法、意、西的人口各为 6000 万左右，可以说势均力敌，但在近代之初，各地的人口实力却是截然不同的。

但不论英格兰的王朝是否跨越海峡，其与欧洲的联系都是一直存续的。英格兰人与法国人、弗兰德斯人、意大利人、犹太人以及汉萨商人都有商业往来，因此与从莱茵河中游到低地地区（广义上的莱茵兰地区 / 原洛泰尔尼亚）都保持着密切关系。作为人员交流的例子，威廉·卡克斯顿在科隆和布鲁日学会了活版印刷术，1476 年他回到伦敦，随后开启了英国的出版业。而鹿特丹的伊拉斯谟大学在 1499—1514 年曾三次组团访问英国。

伦敦虽然是距离泰晤士河口 50 多公里的内陆城市，但也是一个受潮水涨落影响的海港城市。作为不列颠诸岛最古老的自由市，伦敦市（the City of London）拥有一些被国王认可的特权，市民被编成了数十个行会（同业协会）。1500 年，伦敦的人口约为 4 万。虽然同时期那不勒斯、威尼斯、米兰、巴黎等城市人口已达 10 万以上，但伦敦在北海地区却是首屈一指的大城市，这使其在 16 世纪获得了迅猛的发展。从地理上看，伦敦到巴黎的直线距离是 350 公里，距离安特卫普 310 公里，而与爱丁堡的距离则达到 520 公里，距离都柏林 470 公里。两相比较，位于不列颠岛东南部的伦敦，其实更加偏向大陆。

从经济角度来看，以市场町镇为中心，地方上已经形成了本地生活圈。联结城乡和海洋的商品是粮食、羊毛和毛纺织品。中世纪末期，排在英国出口商品第一位的是羊毛，不久又转为毛纺织品。随着从厚重粗纺品到轻便精纺品的技术革新的成功，英国实现了从原料供应地向主要制造业国家的转型。到 1802—1803 年，毛纺织品已经在出口产品中占据第一位。从爱德华一世以来，羊毛与毛纺织品也是关税的主要来源。

无论是羊毛还是毛纺织品，主要出口目的地都是弗兰德斯（现在的比利时），因此与安特卫普、布鲁塞尔、布鲁日、根特等城市的关系，在英国社会经济中的重要性也是不言而喻的。亦因此，经营高级绅士服装的商会大多跨越伦敦和布鲁塞尔开展业务，在 19 世纪英格兰纺织业最为繁荣的曼彻斯特和罗奇代尔，其市政府和商馆直到现在还留有近代弗兰德斯都市建筑影响的烙印。

英语、联邦与教会

第二项资产是作为国家通用语言的英语。前面的章节中已经多次提及，不列颠岛上曾分布着多种语言。使用英语的地区与西部凯尔特系（威尔士、康沃尔、盖尔）语言的地区形成了对峙，并逐渐压倒对方。而人文主义读物的阅读需求与活版印刷的普及叠加在一起，确立了“近世英语”（Early

Modern English）的成型。正因为有了这种语言基础，英译本《圣经》才得以刊行，莎士比亚才有了展示的舞台。

第三项资产是围绕王权的政治文化和政治理念。正如约尔根·哈贝马斯所言，中近世权力的公共性，是由王公贵族来代表和体现的。王权不是神圣不可侵犯的，也由此锻造出了放伐暴君和限制君主的理论。例如，著有《英格兰法礼赞》和《论英格兰的政治》的约翰·福蒂斯丘（1477 年殁）指出，欧洲大陆是“国王的统治”，而英格兰是“政治共同体和国王的共同统治”。虽然正如近代史学家 H.G. 科尼斯布格所批判的，所谓与大陆的王权专制相对照的英格兰固有的共同统治，有英格兰人自吹自擂的成分，但贤人会议和议会等政治共同体还是代表了宗教和世俗贵族及城市平民。议会在云谲波诡的近世史中，既是国王、贵族和平民之间交涉和协商的竞技场，更是体现统治阶级意志的决策机关。

虽然西蒙·德·蒙福尔时期的议会也有“王国共同体”的说法，但“联邦”（commonwealth）这个词在 16 世纪已经脍炙人口。这个词原本是对拉丁语“公共善”的英文翻译，也有国家、政治共同体、共和制的意思。由于“公”会让人联想到公共事务、国体等具有的权力属性，所以也有因不喜欢这种感觉而使用拉丁语“人民善”的例子。英语中的“联邦”具有双重意义，其字面意思是“共同的福利”，但如果把拉丁语译成“public good”，就有了“公共财产”之意，这是贯穿英国及英语圈历史的关键词之一。

议会无法代表的那部分民众自1347年、1381年以来，又进行了多次包括起义在内的直接政治行动，如1450年发生了凯德之乱，16世纪又发生了涉及新旧教派的起义。但诉苦和请求救济的“请愿”权利是自古以来就被认可的，这一点又在近代经过了再三确认。而17世纪的“权利请愿”和“权利法案”也源自这种自古以来的国家制度文化。

第四项资产是教会和信仰。中世纪的教会是由以罗马教皇为金字塔尖的普世信仰共同体和教职位阶制度组成的。虽然不列颠诸岛的男女极为虔诚，但教会和神职人员并没有完全掌控人们的生活和心灵。威克里夫和罗拉德的思想仍然鲜活，并成为不久后宗教改革的后盾。另外，与尼德兰及莱茵河中游地区的“虔诚子民们”的交流也很重要，因为印刷文化和新教都是从这个广义的莱茵兰/原洛泰尔尼亚地区舶来的。

❷ 主权国家与国教会

都铎王权与近代

都铎王朝是指英格兰历史上从亨利七世（1485—1509在位）到伊丽莎白一世（1558—1603 在位）的王朝，历经三代五位君主，共 118 年。这是一个经过长期战乱和内斗之后诞生的统一政权，曾接连出现富有个性的国王和人物，与欧洲历史上“漫长的 16 世纪”几乎重叠在一起。

与日本历史上在战国乱世中一统天下的织田信长、丰臣秀吉和德川家康相似，英格兰也流传着作为近世开端的都铎王朝各色男女的国民传说。从积极开展海外交涉、社会宗教意识增强、经过内战实现国家统一等历史现象来看，日英两国的历史在漫长的 16 世纪中是并驾而行的。而两国人民的直接交往恰恰也始于 1600 年。

亨利七世虽然力压理查三世（1483—1485 在位），结束了以血拼血的玫瑰战争，但他深知仅凭武力是无法维持王朝统一的。为此，他通过迎娶旧敌约克家的伊丽莎白公主为后，消除了再次发生内战的萌芽，并将红玫瑰和白玫瑰组合起来，作为都铎王朝的徽章。再加上都铎家族出身于威尔士，与亚瑟王传说的内容相一致，亨利七世便将长子取名为亚瑟，将欧洲君主想方设法彰显帝王象征的意愿体现得淋漓尽致。在国际关系方面，亨利七世也进行了深远的布局，他令王储亚瑟与阿拉贡（西班牙）的凯瑟琳公主结为连理，又将长女玛格丽特嫁给了苏格兰国王詹姆斯四世，将次女玛丽嫁给了法国国王路易十二。

亨利还以“臣民权力过大”为由，限制地方的特权，并带头勤俭蓄财。他以“国王应靠自己的收入生活”为原则，扩大国王领地的经营以充实财政，并将国库视同国王的家产，亲自监察。可以说，亨利七世是一个不知倦怠的实干家。

但是在 20 世纪后半叶，凯普里奇大学的 G. 埃尔顿从全新的角度对都铎王朝进行了审视，并认为英国近世史并不是由玫瑰战争的终结或亨利七世开始的（这些仍然是中世纪的延续），而是由 16 世纪 30 年代的宗教改革和政治革命开启的。究竟是否如此，我们将在这一节进行具体分析。

另外，英格兰的宗教改革一直被认为是世俗化和动机不纯的。就这一点来说，王室的所作所为确实很明显，不过在整个改革过程中，虔诚的信徒们难道都无动于衷吗？国教会和国家主权是不可分割的，但路德、茨温利、加尔文的宗教改革也是和神圣罗马帝国内的主权问题表里一体的。如果没有印刷革命，宗教改革的领袖们就会像中世纪的胡斯一样被处以火刑。正是信仰、政治和文化的合力，才使宗教改革得以实现。

亨利八世

亨利七世的次子亨利八世（1509—1547 在位）不但从父亲那里继承了坚实的财源和稳定的外交关系，还从早夭的哥哥亚瑟那里继承了王后。他于 17 岁即位并结婚时，王后凯瑟琳是一个 24 岁的处女。与父亲形成鲜明对比的是，新王喜欢玩乐，钟爱狩猎、跳舞、音乐和女性，是一个充满活力且虚荣心旺盛的“文艺复兴君主”。他接受了良好的人文主义教育，对伊拉斯谟和托马斯·莫尔尊敬有加。

亨利八世虽然个性乖僻，但很能聚拢人才，有能力的宗教领袖和行政官员都支持他。巧合的是，他的四位忠臣名字都是托马斯，最早出现的一位是托马斯·沃尔西。他是牛津权势显赫的神职人员，与教廷的关系也很近，于 1515 年成为红衣主教，后来又出任了大法官。

亨利在即位后不久的 1513 年，便向结成“老同盟”的苏格兰和法国用兵。1515 年，法国迎来了新王弗朗索瓦（1515—1547 在位）。这位法国历史上最伟大的国王身高达两米，20 岁时就作为武将在意大利战斗，同时也是一位热爱文化和女性的文艺复兴君主。年长三岁的亨利八世，出于对抗心理也加入了意大利战争。1519 年，在红衣主教乌尔吉的鼓动下，他又参加了神圣罗马帝国皇帝的选举。这次皇帝选举以哈布斯堡家族的卡尔（卡洛斯）和瓦卢瓦家族的弗朗索瓦之间的对决而闻名，英格兰国王虽然未被重视，但其虚荣心是显而易见的。

1521 年，亨利八世因著书驳斥路德的功绩，被教皇利奥一世授予“信仰的守护者”（defender of the faith）称号。

国王的婚姻问题

凯瑟琳王后在多次胎死腹中之后，终于生下了公主玛丽。与此同时，亨利还有了一个私生子，这使他重新拾起了一度放弃的对王子的期待。此后，他又被博林家的姐妹所吸引，特别是从法国归来、眼睛散发着知性魅力的安妮·博林。本章章首图即为当时不到 40 岁的亨利。他希望让不到 30 岁的安妮成为王后，生下名正言顺的嫡子，为此他向教廷提出了与凯瑟琳的婚姻无效的申请。虽然天主教国王离婚有很多先例，最近一次是在 1498 年，法国国王路易十二得到教皇敕许解除婚姻。但是，教廷顾及凯瑟琳娘家的神圣罗马帝国皇帝卡尔五世（凯瑟琳的侄子，1519—1556 在位），便将亨利的申请束之高阁。

由于与教廷的交涉毫无进展，无法打开局面的红衣主教沃尔西便被亨利从大法官的位置上赶了下来，由托马斯·莫尔（1478—1535）继任。他是伊拉斯谟的好朋友，也是一位以讽刺封建身份等级制和私有制弊端而闻名的“超越人文主义的人文主义者”，同时还身兼下议院议长的职务。亨利八世与莫尔的座谈充满智慧，十分愉快，经常忘记时间。由于莫尔自己拥有一个幸福的家庭，因此他趁机建议国王和凯瑟琳重归于好，但亨利不能接受，随后莫尔也辞去了大法官的职务。

这一事件成了推动英国婚姻制度演进的大前提，此后结婚逐渐发展为需要两位当事人立誓对彼此的爱情“至死不渝”才能成立。从 1753 年开始，牧师的见证成为婚礼的必要条件。重婚是不能原谅的，如果是有产者家庭，孩子能否继承家产的决定性因素是正嫡与否。与亚洲有所不同的是，由于王后在王室中的地位较高，国王没有为了生王子而设立大奥的惯例。虽然在不适用“萨利克法”的英国，公主也有王位继承权，但作为军队的统帅，最理想的结果还是由富有活力的男子继承王位。

克伦威尔与《禁止上诉法》

在处理这一问题中崭露头角的是托马斯·克伦威尔（1485—1540）。他没有红衣主教沃尔西的权势，也没有大法官莫尔的学识，却是稳健的新教徒、实干家和决断者，是把英格兰王国利益放在第一位的能吏。他担任过下议院议员、秘书长官、财务大臣等职务。17 世纪的革命家奥利弗·克伦威尔是其远亲。在克伦威尔看来，亨利八世面临的课题是，在欧洲诸国弱肉强食的竞技场中，确立至今仍幼弱的英格兰王国的主权，这应该由正嫡的王子、法治精神和充分的财源来实现。

1532 年 11 月，国王和安妮“私下”在无人见证的情况下结婚，并于第二年 1 月宣布怀孕，这使得正式离婚手续的履行和再婚仪式的举办都迫在眉睫。为了让即将出生的嫡传王子的身份无可置疑，由克伦威尔起草，并于 4 月在议会上通过了《禁止上诉法》。根据该法案，“关于契约、婚姻等的纠纷、诉讼”必须在国内解决，禁止向包括罗马教廷在内的国外法庭上诉。作为法理依据，克伦威尔通过对历史文献的研究宣称，自古以来英格兰王国就是一个“帝国”。当时他所使用的“帝国”一词是介于拉丁语“imperium”（命令权或至高无上的权力范围）和近代英语“empire”之间的近世英语。

1533 年颁布的《禁止上诉法》，由于使用了“帝国”这个词，有时也被解释为英格兰早熟的帝国宣言，但那是错误的。英格兰王国在发生宗教与世俗的权力纷争时，不想被教廷和其他国家所左右而决意在国内解决，英格兰意图成为可以将“最高权力”（imperium）贯彻到各个角落的主权国家，但这一破釜沉舟的主权国家宣言，也不啻于脱离罗马教廷的独立宣言。最近 D. 迈克洛奇的研究显示，该法案的草稿足以维护国王在 11 月的“私自结婚”行为。仅就这一点即可说明亨利八世在该事件上的坚决态度和行动方针，同时也表现出他活用身边人才的能力。根据《禁止上诉法》，不止亨利和凯瑟琳的婚姻无效，安妮王后的加冕仪式和庆祝活动也顺理成章。

1534 年，克伦威尔又起草了《至尊法案》，宣布英格兰教会独立于罗马教廷，而国王是国教会的最高领袖。《至尊法案》中使用了“帝国”的形容词“imperial”，宣布英格兰国王及教会不再从属于国外权威，从而成为《禁止上诉法》的补充法案。接踵而出的主权国家和国教会宣言，使英格兰先于德国在 1555 年《奥格斯堡宗教合约》确定的邦国教会制度（参见《德国史 10 讲》90 页），成为主权独立的基督教国家。

主权国家、国教会和王室

此时英国国家的重要决定已不是专制君主的布告而是法律，即国王和议会的共同行为。英格兰行政官员、议员、神职人员拼命捍卫的不是国王的花心，而是正嫡的王子，以及国家和教会的未来。克伦威尔还大量印刷宣传册和传单，攻击罗马教廷的迷信和赎罪状，诉诸脱离教廷。由此，英格兰的主权国家和宗教改革依托印刷革命，在宣传战线上火力全开。

在这种情况下，前大法官托马斯·莫尔坚持的普世主义成为绊脚石。亨利八世仍然笃信天主教，他与教廷的对立只限于事务层面。然而托马斯·莫尔除了在嫡子一事上与国王一致以外，在其他领域与国王存在诸多理念性分歧。他甚至否认国王的至上性，也因此被亨利八世下令处死。得知国王处死故友托马斯·莫尔的人们，难免想起 1170 年亨利二世和托马斯·贝克特的往事。于是，亨利八世破坏了坎特伯雷大教堂的圣托马斯祭坛，以防止对“殉教者托马斯”的礼赞“扩大再生产”。

虽然做了这么多事，但降生的还是公主。国王、王后和忠臣们虽然都很失望，但还是给像母亲一样美丽的公主取名为伊丽莎白。接下来，在安妮反复流产、死产的过程中，国王的兴趣转移到了女官珍身上，安妮则因冤罪被逮捕并处死。亨利八世和珍结婚后，终于在 1537 年盼来了期望已久的王子爱德华。但是，珍的突然死亡，使国王和忠臣们的喜悦很快黯然消散。

在此之后，亨利换了一个又一个王后，甚至有些自暴自弃，只有第六个王后凯瑟琳·帕尔过上了安宁的家庭生活。52 岁的国王结婚时得了肥胖症，已是病躯。年仅 32 岁的凯瑟琳虽然没有生下王子，但她对玛丽、伊丽莎白、爱德华的抚育倾注了大量心血，作为美丽聪明的王后和继母，为王室带来了片刻的和平。

“政府革命”与绅士

在亨利八世的传统天主教信仰、国教会及国民日益扩大的宗教虔信之间艰难掌舵的，是第四位名叫托马斯的大臣——托马斯·克兰默（1498—1556）。他毕业于剑桥大学，曾在莱茵河中游的新教地区交流，当时已是在《禁止上诉法》和《至尊法案》文献研究中崭露头角的学者。克兰默从1533年开始担任坎特伯雷大主教，他与行政官克伦威尔相互配合，推进改革。但是，他改革的节奏偏向渐进主义，就连对出版英译本《圣经》都很慎重。

克伦威尔瞄准了反对改革的修道院的财富，以克兰默在全国范围内开展的实时调查为基础，从1536年开始陆续征用修道院为国王领地，不久又将其向民间拍卖。土地拍卖不仅为国库增加了一大税收来源，还使购买土地的贵族和地主成为改革的强大支持层。

1536—1537年，英格兰北方发生了一场名为“恩宠巡礼”的叛乱，这是对克伦威尔和克兰默的改革造成修道院和天主教文化解体的反弹，以及地方对伦敦发起的改革表现出的反感。最终，178人遭到镇压并被处死。

作为始于16世纪30年代的全国性统治制度之一，各地设置了“郡长”（lord lieutenant），这是在中世纪以来权力地方化倾向的“郡守”（sheriff）之上，在各郡新设的以王权名义统领治安和军务的最高治安官员。郡长由贵族担任，郡守、治安法官、下议院议员由富有的平民担任，这些都是无薪的名誉职位。

由此可见，支撑英国近世政治社会的，是拥有土地的名门望族（绅士），以及他们的公共精神。“绅士”源自法语的“出身良好者”，虽然含有贵族的意味，但严格来说是指爵位在贵族（公、侯、伯、子、男）之下，平民上层中依靠地租生活的人（不劳动阶级）。绅士阶层是其集合名词，“乡绅”这个译语由此而出。特别是有功绩的人，被国王授予“爵士”（Sir）的称号（“爵士”是平民中的最高等级，与贵族称呼的领主不同）。由此，得到修道院财产的各地贵族和绅士们，被委以运用法律的权力，成为国家在地方上的中坚力量。M. 韦伯所说的“望族支配”在16—18世纪的英国很明显。这样从16世纪30年代开始，英格兰成为与中世纪不同的主权国家、宗教国家和望族社会。

复合国家的专制君主?

对于中世纪以来不列颠诸岛一直悬而未决的认同和秩序问题，亨利八世的处理方式体现出了一种近代的政治姿态。

英格兰人在爱尔兰有一个控制佩尔地区的议会，自从1494年根据法律确定该地隶属于英格兰王权后，一直没有出现大的问题。16世纪30年代，担任总督的爱尔兰贵族基尔代尔伯爵（菲茨杰拉德家族）因反对克伦威尔的改革（“政府革命”）发动叛乱，爱尔兰大贵族的异常举动也随之表面化（有 75 人被处死）。在此之后，1541 年通过的“英格兰国王担任爱尔兰国王法”（爱尔兰王位法），确立了英格兰国王对爱尔兰进行统治的法理依据，同时也昭示了其对爱尔兰主权及国教会的统领，并向盖尔氏族首领授予了爵位以及都柏林议会的议席。

威尔士原本是都铎家族的故地，但在 1536 年及 1543 年的《联合法案》下被英格兰王国吞并。威尔士虽然在语言、文化方面保持着独立性，但丧失了主权。另外，主权国家苏格兰王国在斯图亚特王朝的统治下，在很长一段时间内与英格兰和法国之间保持了绝妙的平衡。

亨利八世是英国历史上第一位拥有“信仰的守护者”“国教会领袖”和“爱尔兰国王”头衔的君主。他取消了原来“阁下”和“殿下”的称呼，开始使用“陛下”（His Majesty）的尊称。数座奢华的王宫，吞噬了从他父王那里继承来的财源；通过没收修道院并将其拍卖所获得的庞大收入也因此被消耗殆尽；王后和众多忠臣，甚至克伦威尔都死于非命。就连一直守望他到最后一刻的克兰默大主教和凯瑟琳王后也曾一度因被其怀疑而危在旦夕。如此耗尽天赐资产、给英国历史带来巨大转变的君主可以说前无古人，后无来者。以往的研究也均从这一点出发，将亨利八世视为专制主义君主。

但是，其政治的实行者是宗教和世俗大臣、议会以及全国的名门望族。并没有什么可以称得上官僚体制或常备军的东西。亨利依托议会、法律、公共精神以及国教会的统治，按照福蒂斯丘的说法就是“基于国王统治的政治共同体”，只不过还要加上他的坦率言行。这样的话，对于所谓君主专制（专制主义），有必要在相当程度上进行扩大解释。另外还想请教专家的是，“君主专制”是否包含“近代君主制主权国家”的意思？

爱德华六世与克兰默

爱德华六世（1547—1553 在位）被亨利八世和忠臣托付将来，为其举行加冕仪式并行涂油礼的是克兰默大主教。这是最早的新教国王加冕仪式，排除了罗马教廷，建立了上帝与国王的直接联系，国王承诺要给人民带来和平、正义的裁决。爱德华六世即位时年仅九岁，接受过良好的人文主义教育，是个既聪明又有些自大的少年国王。

爱德华和摄政大臣的当务之急，一是对信仰教义的改革，二是结婚以确保正统继承人，三是社会经济的振兴。

就第一个课题来看，新教在爱德华六世的领导下得到了急速发展。起重要作用的是广义的莱茵兰地区，以及在欧洲改革派的中枢和英国之间往返的虔敬信徒们，青年时代的克兰默就是其中之一。公开英译本《圣经》的威廉·廷代尔虽然在 1536 年在安特卫普被处以火刑，但他的盟友迈尔斯·科弗代尔、约翰·诺克斯等人已转战英格兰国内活动。剑桥大学也聘请了德国宗教改革家马丁·路德为神学教授。适逢神圣罗马帝国皇帝卡尔五世对新教的镇压，英格兰就此成了欧洲宗教改革派难民的避难所。

按照克兰默制定的《公祷书》的规定，以英语取代拉丁语作为礼拜仪式上的语言。之后，英格兰议会又于 1549 年通过了《信仰划一法案》。这样全国教会的祈祷办法都要通过议会来确定。此外，克兰默还出版了《模范说教集》。虽然只是为了应对旧教派和激进的改革派两方不绝于耳的不满声浪，但无论《公祷书》还是《模范说教集》，都展示了近代英语优美的表达，牵动了国民的心弦。更为重要的是，神职人员的婚姻被合法化，已经私下结婚的克兰默也拥有了自己的合法家庭。

关于第二个课题，即国王的婚姻和继承人问题，虽然英格兰上下都在不遗余力地推动爱德华与苏格兰的玛丽女王（爱德华的表妹）结合，但由于爱德华英年早逝而未能如愿。爱德华死后，政局一度出现混乱，最终姐姐玛丽继承了王位，也继承了所有悬而未决的事情。

❸ 女王的传说

血腥玛丽

与苏格兰斯图亚特王朝的玛丽女王（1542—1567 在位）同时期，英格兰都铎王朝也出现了一位玛丽女王（1553—1558 在位）。本书为避免混乱，一般会在她们的名字后面加上斯图亚特或都铎的家族姓氏。两人都是天主教徒。玛丽·都铎即位时 37 岁。她本会像一个修女一样终身侍奉上帝，然而命运的转变不论对她还是对于国民来说都是不幸的，她既没有政治经验，也没有政治品位，甚至连一个能建言献策的世俗谋士也没有。

玛丽女王的第一个课题是复兴罗马天主教会。她不承认国王具有宗教领袖资格（至上性）和英文的《公祷书》，而是重新使用拉丁语的弥撒，停止新教神职人员的权限，以此来保护母亲和自己的正当性。罗马教会的复兴，对于一般国民来说意味着人人都能听懂的优美的英语祈祷被废除，对于好不容易被允许结婚的神职人员来说意味着要与妻子痛苦地分手，而对于购买了修道院土地的新地主来说则必须将财产返还。因此，欢迎天主教复辟的国民很少。

特利腾大公会议（1545—1563）以后不久，被誉为“教廷之光”的红衣主教雷金纳德·波尔回到英国，开始对异端的审问和火刑。由于改宗新教的神职人员中以剑桥背景的人居多，因此他们都被传唤到牛津接受异端审问，并最终被处以火刑，就连克兰默大主教也不例外。约翰·福克斯的《殉教者之书》记载了当时火刑柱遍布全国的残虐景象。这本书以拉丁语和英语出版，并配有生动的插图，曾几经加印。这是一部讲述“天主教野蛮行径”的新教经典，一直畅销到19世纪。

女王的第二个课题是结婚和生下王位继承人。在与西班牙王子腓力（后来的国王腓力二世）达成结婚意向后，腓力于1554年夏来英举行了婚礼。据说第一次见到新娘时，新郎的感想是：“她一点都不可爱，衣品很差，还有严重近视，简直就是个修女。”不过这些并不重要，腓力与玛丽女王和英格兰的结合，最重要的意义只是成为哈布斯堡家族天主教战略和统治尼德兰的一环。

图 4-1　被“血腥玛丽”迫害、处以火刑的人。这幅版画创作于 1556 年，再现了克兰默大主教接受异端审判后被施以火刑的场面。

第三个课题则成了无力解决的悬案，社会经济不但没有取得明显的成果，甚至出现了倒退的迹象。

结果，玛丽统治五年，反而使新教广泛而深刻地根植于全国。英格兰全体国民经历了共同的灾难，他们的记忆经过《殉教者之书》的记录，被一代代复制。正因为“血腥玛丽”和她的传说，英格兰人民才坚定了改信新教的决心。英格兰的宗教改革，也从王室内部事务和海外归来的知识分子信仰，变成了得到全体国民信任并确定的行动。

亨利八世的嫡女伊丽莎白

伊丽莎白女王 25 岁登基（1558—1603 在位），与弟弟爱德华一样，接受的是人文主义教育。和姐姐不同，她是个美丽而聪明的新教徒，并且和父亲一样开朗，知道如何与人交往。

伊丽莎白统治时期的首要课题和前两位国王一样，都是宗教问题。伊丽莎白的政策方向与玛丽正好相反，她要竭尽全力将国内的罗马天主教会恢复为国教会。由于她本身就是安妮·博林的私生女，如果不这样做，其继承王位的正当性也将受到威胁。出于同样的原因，伊丽莎白一有机会便强调自己是亨利八世的合法继承人。

“清教徒”（Puritan）一词起初为蔑称，用以指代宗教改革派中的纯粹圣经原教旨主义者，但这时已被广泛使用。此时，领导国教会的是坎特伯雷大主教马修·帕克（1559—1575 在职）。在他的谨慎引导下，国教会采取了兼顾天主教（弥撒）和清教徒（英译《圣经》）诉求的“中道”路线，并将之以亨利八世的方式，即通过议会的立法来实行。

此后，爱德华六世时期的《信仰划一法案》和《公祷书》被修订后重新颁布；不再使用“弥撒”（Mass）这个词；否定圣餐中面包和葡萄酒为耶稣的肉和血的化体说；对已经出版的几种英译《圣经》进行整理和修正，并于1568年出版；这些都是宗教改革派的要求所在。然而，圣职者穿白衣、教会不是长老制而是位阶制等清教徒不能容忍的天主教因素也被保留了下来。但作为宗教纲领的《三十九条信纲》中所规定的折中路线，是帕克大主教、伊丽莎白女王以及议会的共同选择。

宗教问题即主权问题。德国（神圣罗马帝国）经过宗教、政治战争，才于1555年达成了《奥格斯堡和约》，而苏格兰、尼德兰、法国还处在宗教和国家主权相争的前夜。相较于法国在胡格诺战争（1562—1598）的旋涡中诞生的国家理性派，伊丽莎白的折中路线可以说在立场上领先了一步。

女王头衔中的“等”

伊丽莎白女王和亨利八世相似，都是能够将人才聚拢到身边的君主。稳健的新教徒威廉·塞西尔（伯利勋爵，1520—1598）作为一名忠实的国务大臣，相当于克伦威尔之于伊丽莎白的父王亨利，能够在面对重大问题时做出重大决策。但与亨利八世的不同之处在于，伊丽莎白并不短兵相接地解决问题。虽然也有一些20世纪的评论给她冠上优柔寡断的帽子，但在困难时期巧妙地有所保留也是合理的选择。

最典型的例子就是在国王的称号中加入“等”（etc.）的标记。1544 年，亨利八世将君主的正式称号定为“蒙上帝庇佑的英格兰、法国和爱尔兰国王，信仰的守护者，英格兰和爱尔兰国教会之首”，爱德华六世也继承了这一称号。翻开伊丽莎白最初召集的议会议事日志，从 1559 年 1 月 30 日条目的记载来看，议会召集状上的女王称号曾因没有加上“国教会之首”引起了广泛的讨论。

实际上早在玛丽时期，一向笃信“男尊女卑”的清教徒领袖诺克斯，就曾于流亡地日内瓦和法兰克福攻击过英格兰和苏格兰的两位玛丽女王，并公开宣称“圣经不承认女性君主和教会首长（最高领袖）”。伊丽莎白女王想要重拾亨利和爱德华时期的称号，就不能无视这种声音。

针对这一难题，塞西尔大臣想出了“蒙上帝庇佑的英格兰、法国和爱尔兰女王，信仰的守护者，等”的称号。由于百年战争在名义上还没有正式结束，“法国女王”的头衔是不能丢弃的。“爱尔兰女王”和“信仰的守护者”是对亨利八世正当继承人身份的彰显，所以也不能省略。只是，将“国教会之首”用“等”字指代，并非省略，而是一种暗示，为的是应对冥顽不灵的诺克斯之流的男权论者。由于包含“等”字样的国王头衔有着丰富的象征空间，此后一直到 1800 年的历代国王均沿袭此字。

尽管被迫做出这样的应对，但对于作为君主的伊丽莎白女王来说，男权主义者同时又是清教徒的诺克斯是不能被接受的，女王由此驳回了诺克斯回到英格兰居住的请求。诺克斯不得不移居爱丁堡，出于宗教和性别两方面的原因，他向信奉天主教的玛丽·斯图亚特女王发难，推动了苏格兰的加尔文教改革。

多国体系中的英格兰

伊丽莎白女王的第二个课题是婚姻，这也事关国家主权问题。女王虽然并不缺少恋爱对象，但对结婚却很慎重。即使在这方面被追问，她也只是以“我已与英格兰结婚”来回答。

塞西尔是值得信赖的能臣，但不是恋爱的对象。只有这样，女王和塞西尔才能结为轴心，与莱切斯特伯爵罗伯特·达德利和弗朗西斯·沃尔辛海姆合作，在波涛汹涌的年代长期掌舵国家的方向。塞西尔忠诚的儿子罗伯特·塞西尔（1563—1612）继承了其父的事业。可以说，通过不婚，伊丽莎白牢牢掌握了英格兰的主权。

但是，苏格兰问题，即如何处理苏格兰女王同时也是伊丽莎白表亲的玛丽·斯图亚特，是个令人头疼的问题。玛丽的母亲是法国天主教望族吉斯公爵家的玛丽（玛丽·德·吉斯），玛丽出生第六天便即位为苏格兰女王，16 岁时嫁给了弗朗索瓦二世（1559—1560 在位）。弗朗索瓦死后，玛丽女王回到爱丁堡并再婚，生下了王子（后来的詹姆斯六世）。但是不久，在纠缠着贵族政争的恋爱游戏中，不但玛丽的丈夫被暗杀，她自己也牵涉其中，此后又在诺克斯的宗教改革中遭到弹劾，逃到英格兰后被软禁。没怎么得到母爱的詹姆斯六世（1571—1625 在位）则留在了苏格兰，接受了宗教改革派的人文教育。

在尼德兰和法国的内战中，莱切斯特伯爵支持尼德兰独立，沃尔辛海姆则与法国的改革派合作。在整个欧洲陷入宗教战争的状态下，罗马教皇于 1570 年开除了伊丽莎白的教籍，国内天主教势力也在不断策划阴谋，甚至威胁到了伊丽莎白的生命。1587 年，玛丽参与天主教暗杀女王的证据暴露，伊丽莎白只好决定将其处死。

伴随对玛丽的行刑，西班牙的无敌舰队于 1588 年来袭。这是欧洲宗教战争和多国体系中，一次关系英格兰存亡的危机。8 月，骑着白马的女王出现在提尔伯里平原集结的官兵面前，发表了如下演说：

> 我在此时此刻加入战场，是决心要与你们同生共死，是为我的主、我的王国、我的人民，献上我的荣誉

和热血，甚至生命。我知道自己仅仅是个女人，力微体弱，但是我有一颗国王的心，英格兰国王的心……我将亲自拿起武器，挂帅阵前，评判和犒赏你们每个人在战场上的功勋。

依靠戏剧性的政治表演和“神风”，女王不仅击退了无敌舰队，也由此强化了国民的团结。

大航海与国民产业

伊丽莎白面临的第三个课题是社会经济，即大航海、贸易和产业振兴，以及随之产生的社会问题。

英国的大航海活动，在15世纪末的卡波特探险之后有一段空白期，而在伊丽莎白时期又再次盛行起来。英国的航海者除了经过好望角和麦哲伦海峡两条航线以外，主要侧重于探索通往亚洲的第三条航线，即沿北大西洋（北美洲）的海岸线以及东北太平洋的海岸线进行探险。在与西班牙、法国、荷兰的激烈竞争中，经女王许可，陆续出现了俄罗斯公司（1555—1566）、伊斯特兰德公司（1579）、黎凡特公司（1581—1592）、东印度公司（1600）等贸易法人。涌现出弗朗西斯·德雷克、理查德·哈克鲁特、沃尔特·雷利、威廉·亚当斯等一批尽人皆知的探险家、殖民者和冒险商人。相关内容可参考“大航海时代丛书”（岩波书店）中，越智武臣编译的《英国的航海与殖民》（一、二）。

1565年，商人和金融业者托马斯·格雷欣在伦敦获准设立皇家交易所（Royal Exchange），他日后以“劣币驱逐良币”的格雷欣法则而闻名。

近世英国的主要出口产品是毛纺织品。毛纺织业的产业关联广泛，涉及养羊、土地所有、制造业、商业甚至酒吧，在当时被认为是支撑社会福利的“国民产业”。顺便提一下，关于当时远离都市行会的毛纺织从业者是如何将这一乡村产业变为无可否认的“头部产业”（captains of industry）的，可以参考日本清教徒大冢久雄所著的《近代欧洲经济史序说》（1944）。这部“二战”期间的著作从大航海时代的世界史开始讲起，以“国民生产力”和“民富论”为论据，批判了“大东亚共荣圈”，成为支撑战败后日本国民新教式“勤劳精神”的圣经。

由于工业发展受到不同职业、不同地区的保护和限制，政府于1563年（伊丽莎白统治的第五年）出台了《工匠学徒法》，主要内容包括对懒惰和浮躁加以约束、规定租金比例以及对雇主和劳动者之间主从关系的确认。工商业劳动者在学徒期限内必须作为工匠为东家工作，农业劳动者亦须按年签署劳动契约，没有携带介绍信和推荐信旅行的人会被作为流浪汉加以处罚，这项法律的目的在于以家长式的方式维持社会秩序。冈田与好的《英国早期开展劳动立法的历史》对从黑死病到亚当·斯密时期的劳动法演进进行了详细论述。

教区的救济

首先，这是一个社会问题。随着修道院的解体，贫民和弃儿被收容在修道院的传统路径被切断，必须寻找世俗的代替方案。

也是基于这个原因，伊丽莎白时期的议会曾多次审议贫困救济和贫民对策的相关法律（poor law）。作为集大成者，1601 年（伊丽莎白统治的第 43 年），议会通过了《贫民对策法 / 济贫法》，该法以解决教区事务为前提，以教区为单位设税（特定目的税），以支付对外来人及流浪汉的驱逐、私生子的认定、圣诞节和复活节的施舍等事项的经费和相关官吏的雇佣费用。

教区作为一种共同体，是英国居民信仰和生活的核心，从近世起也成为世俗统治在地方上的终端。当时英格兰全国的教区有 1 万个左右，虽然各地区差异很大，但平均教区人口只有几百人，居民之间都很熟悉，见面都能叫出彼此的姓名。虽然会有上级教会的神父到教区教会赴任，但是居民们在教区也会组织自治会，协商处理世俗事务。教区事务中最重要的是对道路和桥梁的维护，以及贫民和私生子的安置问题。英国地方史专家 W.E. 泰伊特将教区的自治会称为“小议会”。

早在 1538 年的《教区登记法》中便规定了居民的洗礼、结婚和埋葬必须由教区神父记录。虽然该法一度被废止，但在伊丽莎白时期，同样的宗旨在若干法律中被反复重申，并由此被固定下来。对于今天的研究者来说，“教区登记簿”是了解既没有居民档案也没有人口普查时代英格兰人口动态的珍贵史料，所有居民一生中的洗礼、结婚、埋葬这三个重要阶段都被记录在其中，如果以数据库的形式进行数据存储和分析，人口和家庭的实际历史状况就会变得相当清晰。

慈善

《贫民对策法 / 济贫法》的一项关联法案，是同样于 1601 年公布的《慈善用益法》。该法成为扶贫济困、教育和宗教振兴，以及其他为社区公益团体运用基金和土地收益的法律依据。直到今天，英国的《慈善法》中依然保留着前者的“精神和真髓”。近代史学家 J. 伊尼斯曾提出，英国社会政策的特点是由税收（行政）和慈善（民间）两根柱子组成的“福利复合体”，其论据即来源于这两部同年颁布的法律。

其中《济贫法》的教区主义原则于 1834 年被废除，该法亦从根本上改头换面。《慈善用益法》则与教区无关，它为英国民间公共社会 400 多年的慈善文化以及活跃的民间金融提供了法律支撑。有关这一点我们还要在第 8 讲作进一步分析。

爱尔兰问题

最后，女王统治所面临的第四个课题，是近世不列颠诸岛的秩序和认同问题，这一问题自亨利八世以来一直悬而未决。关于苏格兰，我们已经在诺克斯和玛丽·斯图亚特相关的部分中有所述及。

近世爱尔兰问题的第一点，是中世纪从不列颠岛迁入殖民的领主们已化为地方势力（Old English），与盖尔人领主一起成为抵抗 16 世纪“政府革命”的反英势力。第二点，是他们与从 16 世纪后半叶迁入的新教殖民者（New English）之间所产生的教派和民族性的复合对立。

继基尔代尔伯爵叛乱之后，16 世纪 70 年代，爱尔兰西南部的世家德斯蒙德伯爵也发动了叛乱。虽然此后在都柏林设立了“通过自由学艺，培养美德和信仰”的圣三一大学（学院），以示政府的文治政策。但是1594年，在爱尔兰北部的阿尔斯塔又发生了以蒂龙伯爵（奥尼尔家）为中心的叛乱，且这次叛乱的平定花费了九年之久。

在此之前，阿尔斯塔地区一直由盖尔人的氏族势力统治，但是九年叛乱失败的氏族领主们逃亡后，其土地和权力均被没收。之后，英格兰政府便开始从苏格兰召集清教徒殖民者，并推进他们定居下来。伦敦市政府也援建了这些殖民地。在叛乱前后，阿尔斯塔的面貌发生了很大的变化。教派和认同问题纠缠在一起的爱尔兰，特别是阿尔斯塔地区，将成为17世纪乃至20世纪英国历史上的阿基里斯之腱。

剧场国家的图景

伊丽莎白在世时曾让人绘制了许多肖像画，但1588年以后的作品象征性不断加强，画面中往往加入表征世界的地球仪，并突出战胜无敌舰队的海战，以及女王作为全知统治者的一面。图4-2是以《彩虹女王》为题的作品，伊丽莎白右手抓住的彩虹上面用拉丁语写着“没有太阳就没有彩虹”。意即伊丽莎白女王如太阳一般，带来了象征着暴风雨过后的平安彩虹。女王衣服上像眼睛和耳朵一样的刺绣遍布全身，象征其为具备蛇的智慧的全知君主。

图 4–2 剧场国家的伊丽莎白女王。被称颂为全知女王，碑文上书“没有太阳（女王）就没有彩虹”。

标记这一切的，是庆祝女王 1 月 17 日即位纪念日的街头游行，类似场景在埃德曼·斯宾塞的《仙后》等作品中也反复出现过。伊丽莎白确实就像朱迪·丹奇在电影《莎翁情史》饰演的女王一样，喜欢泰晤士河南岸的剧场，为此常悄悄微服观剧。甚至无论在顾问会议还是议会，乃至提尔伯里的官兵面前，她的言行都充满了戏剧性。

伊丽莎白与其父王一样属于“文艺复兴君主”，人民对她的所作所为也是欢迎的。文化人类学家 C. 格尔茨将伊丽莎白的政治比喻为“剧场国家”。“漫长的 16 世纪”的后期是克里斯托弗·马洛、莎士比亚、弗朗西斯·培根等辩才层出的时代。苏格兰斯图亚特王朝的詹姆斯六世（1567—1625 在位）作为英格兰国王詹姆斯一世即位（1603—1625 在位）后，为强调对伊丽莎白时期政策的延续，继续重用了女王的忠臣罗伯特·塞西尔，将纪念“好女王贝丝”的传说设为庆祝活动进行不断的再生产。

结果，伊丽莎白在世界历史的动荡期统治了英格兰45年，没有发生内战，她死后也没有引发王位继承的混乱。从这一点来看，她是一位幸运的君主。虽然不断出现内忧外患，但仍然确立了长期增长的局面。从国际上来看，1598年，西班牙腓力二世去世，法国的亨利四世站在国家理性派的立场上于同年发布了“南特敕令”，结束了宗教战争。在尼德兰，荷兰联邦共和国获得了事实上的独立，迎来了17世纪的黄金期。

❹ 大不列颠国的詹姆斯大帝

詹姆斯的亲笔信和按针亚当斯

1600 年春，伊丽莎白治世的第 42 年（庆长五年）发生了一件事，荷兰商船“慈爱号”漂流到了九州的丰后。杨・约斯滕等 24 名船员的航海长威廉・亚当斯（1564—1620），来到大阪城觐见德川家康。虽然时值关原之战前夕，形势紧迫，家康还是非常在意这个红发的英格兰人。亚当斯与同年在伦敦成立的东印度公司并无关联，两年前他作为荷兰船队的一员从鹿特丹出发，驶向东亚，船上的货物主要是毛纺织品。他受到德川家重用，取日本名三浦按针，在日本娶妻生子，并因造船技术和操盘东南亚贸易而闻名。

直到 1613 年，英国东印度公司才与日本展开正式接触。日本作为银和铜的产地，在全球化初期是极富魅力的目的地。当时的商船队长J. 塞利斯带来了詹姆斯一世的亲笔信，由亚当斯进行了精湛的翻译。根据记载，在骏府（静冈）的大御所，家康收到的英王亲笔信规格是“蜡纸，宽二尺，长一尺五寸”，不过原件已经散佚（当时日本人将羊皮纸称作蜡纸）。现存的文本为《异国日记》，存放在京都国立博物馆，“包含以假名标记南蛮文字的文言记录”。此外，英国图书馆的“印度部”也存放着与之对应的、属于同一时期詹姆斯写给日本君主的亲笔信副本，我们可以将两者试做对照。

詹姆斯的亲笔信实际上是要求国家间修好通商的公函，有“蜡印”封饰。如果将签发人的英文署名逐字翻译，是“詹姆斯，蒙全能上帝庇佑的，大不列颠、法国和爱尔兰国王，信仰的守护者，等”。

按针将此翻译为：“詹姆斯帝王……天道之御影，大不列颠国、法兰兹国、伊尔兰德国，三国之帝王”。另外，亲笔信的最后署名是“大不列颠国之王、居于威斯敏斯特的詹姆斯帝王雷克斯”。称号中的“雷克斯”（Rex）可译为帝王，同时“信仰的守护者，等”这一自伊丽莎白女王以来在国王称号中最重要的部分却被省略掉了。由于日本处于欧洲多国系统外，因此按针也像21世纪的研究者一样不那么拘泥于是帝是王的问题，而是以传达实际内涵为标准进行了大胆的翻译。

并且，如果对收件人的英文逐字翻译，应该是“日本至高无上的强力君主，皇帝”。皇帝的英文“emperor”对应古罗马皇帝的拉丁语“imperator”，与亨利八世曾使用的“帝国”一词一样，具有主权者的意思，而按针将其译为“日本将军殿下”，而未用京都天皇的称号“帝”，这样詹姆斯亲笔信的收件人便只是征夷大将军（此时德川家康为大御所），应该是按针基于实际情况所做的适当判断。

一国二名

但即便是按针亚当斯，有些内容如果不经过再三确认，也有可能出现混乱，尤其是英国的国名。在《异国日记》其中的一页记录中，可以看到“英格拉泰拉”（インカラテイラ/いがらたいら）分别出现两次，“大不列颠”（大ぶりたんや）出现三次，都来自近世通行于东亚海域的葡萄牙语的日语音译“英古拉泰拉”（イングラテッラ）及“格兰布雷塔尼亚”（グランブレタニャ）。《异国日记》的书写方式是平假名与片假名混用，浊音符号[1]时有时无，非常随意。另外，“英格拉泰拉出身的人”和“会说英语的人”并没有区

1　日语中标注在假名右上角，表示浊音或半浊音的符号。

别，分别对应“英格丽斯”（イングレス）或“艾格雷斯”（エゲレス）。

如何理解詹姆斯大帝的国家是个问题。按针在最后像注释一样进行了补充说明：“现在前来觐见的使节团来自英格拉泰拉（英格兰），也称格列荷罗坦（大不列颠）。这是一个国家，但有两个名称。”到底是英格兰还是大不列颠？果真像按针自己对家康解释的那样，是“一国二名”吗？即便如此，詹姆斯的署名中其头衔还包含“法兰兹国”和“伊尔兰德国”，即便前者只是虚位，后者又该怎么样处理？这恐怕使出生在英格兰南部、1598 年便出国的亚当斯，在 1603 年于异国他乡负责迎接大不列颠王国“詹姆斯大帝”的使者时，也感到巨大的困惑。此后，这也成为贯穿整个 17 世纪动摇其母国的大问题。

“詹姆斯大帝”

这位詹姆斯国王，由于母亲玛丽・斯图亚特被废黜，一岁便即位苏格兰国王。由于接受了人文主义者乔治・布坎南的教育，他作为新教国王而成人。詹姆斯对处死母亲的伊丽莎白女王十分尊敬，1603 年欣然继承了英格兰王位，成为“詹姆斯一世”。他对母亲的态度，不只是因为母爱缺失，很明显也受到母亲牵扯杀父之事的影响，心中难免生出荆棘。他到 27 岁还未能爱上一个女人，也不是没有原因的。

詹姆斯并不满足于英格兰王国与苏格兰王国共主邦联的国家结构，而是企图将大不列颠建立为统一王国，并进一步对爱尔兰王国进行新教移民，他的最终目标是在不列颠诸岛上建立新教联合王国。“詹姆斯大帝”具象化地代表了斯图亚特王朝对都铎王朝的延续和发展。在即位后的第一次议会上，他便提议国王的正式称号是“蒙上帝庇佑的，大不列颠、法国和爱尔兰国王，信仰的守护者，等”，这在詹姆斯看来是很自然的事情。

但是，英格兰人占多数的议会并没有采纳“大不列颠国王”的方案，正式的称号依然维持伊丽莎白时期的叫法，只是加上了苏格兰，并将女王改为国王。但是詹姆斯在国玺和外交文牍中却使用了“大不列颠”，由东印度公司的塞利斯带到日本的亲笔信便是如此，因此家康和按针看到的发信人署名是“大不列颠国之王詹姆斯雷克斯”。

“詹姆斯大帝”还为人文主义、文艺复兴在全欧洲范围的扩展而发声。贯彻近代欧美思想的契机之一是市民人文主义的产生。与提倡君主“德性”（公共男子气概）的马基亚维利同时期，卡斯蒂廖内的《廷臣论》中的礼仪部分，埃利奥特的《统治者》、詹姆斯的老师布坎南的《论反抗暴君的自由》分别对此进行了相关论述。在詹姆斯看来，其本人即体现了人文主义的精华，是继承伊丽莎白“中道”主义的所罗门王般的明君。1603 年，他从爱丁堡搬到了伦敦，而这段行幸之路也成了一场充满文艺复兴元素的政治演出。

在过去的学校教育中，君权神授被认为是一种“专制主义”的意识形态，但其实在中近世的国王中，没有谁认为自己的王权不来源于神。正因为是神授王权，所以才须在上帝面前接受涂油之礼。詹姆斯也为宣扬君权神授亲自撰写了《自由君主制的真正法律》及《君主的赠礼》等书，他也通过这些著作炫耀了自己的古典人文主义素养。然而，对于“文艺复兴君主”詹姆斯来说，罗马天主教狂热派盖伊・福克斯等人在 1605 年 11 月 5 日的行动[1]，使他对此所持的所有过剩期待全部幻灭。

圣经与莎士比亚

“近代英语”是在两个规范印刷文本的引导下开始成为国语的。第一，即位不久的詹姆斯组织了 54 名圣经学者，

1　即火药阴谋。1605年11月5日，以盖伊・福克斯为首的天主教徒试图炸毁英国国会大厦，杀死正在其中进行国会开幕典礼的英国国王詹姆斯一世、他的家人及大部分的新教贵族，但计划并未成功。

让他们翻译超过先前所有版本的、准确而优美的钦定《圣经》英语译本。其最终版本于 1611 年完成，并被分发到包括苏格兰和爱尔兰在内的全国所有教会中。《圣经》是带有定冠词的“书”（the Book），是人们每周至少接触一次的文本。像下面这样钦定版《圣经》中充满诗意的语句，当时所有的英国人，无论是非国教徒，还是殖民地的人们，都要或听或读或背诵：

In the beginning was the Word,
and the Word was with God,
and the Word was God.

第二，威廉·莎士比亚（1564—1616）在剧作家生涯的前半段，几乎是王朝的御用作家，他一部接一部地创作了与王位继承有关的历史剧。然而，历史也可以给人提供思考和行动的标准。在职业生涯的后期，埋首于悲剧和喜剧的莎士比亚明显更加倾向于自由创作。

即便如此，莎士比亚在构思因母亲与杀害了父亲（国王）的男人再婚而苦恼的“丹麦王子哈姆雷特的悲剧”时，是否从詹姆斯六世与其母亲玛丽·斯图亚特的经历中受到了启发呢？詹姆斯的王后安妮也是丹麦公主。当然，哈姆雷特母亲的原型也可能来自 11 世纪的忏悔者爱德华之母艾玛，她在国王死后与敌将克努特再婚，成为丹麦王后。1603 年，站在舞台上犹豫不决的贤者王子哈姆雷特对大学的友人霍拉旭说："天地之间有许多事情，是你的学识所无法想象的。"接着，他在独处时发出感叹：

To be, or not to be: that is the question.

这一独白，好似 20 世纪存在主义哲学家的诘问。

在漫长的 16 世纪中成熟的近世英语不仅激发了人们的灵感，也给国民提供了一个记录美丽记忆的文本。钦定版《圣经》和莎士比亚文学同时成了超越时代的经典，随着共享这些语言的社区从不列颠诸岛向广阔的世界扩展，英语也成了近现代的全球通用语言和公共财产。

威廉·莎士比亚回到故乡斯特拉特福后，和德川家康同于 1616 年去世。他的对开本全集于 1623 年发行。与他同龄的威廉·亚当斯（三浦按针）在 1620 年去世于平户。彼时英国和荷兰的关系十分微妙，在不久后的安汶事件（1623）中，败给荷兰的英国旋即全线撤出了东亚和东南亚。1620 年也是象征着清教徒地理扩张的先祖朝圣（pilgrim fathers）

之年。

正如近世史学家 G. 帕卡所说，欧洲大陆已经进入作为“最后的宗教大战”和“最初的世俗大战”的三十年战争（1618—1648）时期。漫长的 16 世纪终于结束，转而进入革命的 17 世纪。

第5讲

两次国制革命

版画，庆祝联合君主威廉与玛丽通过1689年革命，即在荷兰军队镇压下实现的国制与外交革命，形成与路易十四对抗的新教轴心。

大事年表

1625 年	查理一世（—1649）即位
1638 年	［S］苏格兰“国民圣约”；［I］爱尔兰总督温特沃斯施行“连根拔”政策
1639 年	主教战争（翌年，第二次主教战争）
1640 年	4 月，短期议会；11 月，长期议会（—1660）；清教徒革命开始
1641 年	5 月，温特沃斯（第一代斯特拉福德伯爵）被处死；10 月开始，报纸披露“爱尔兰大屠杀”
1642 年	1 月，国王发动政变；8 月，内战开始
1643 年	［S］英格兰议会与苏格兰签订《神圣同盟与誓约》
1645 年	新模范军编成
1647 年	帕特尼之争（议会军干部与平等派士兵的争论）
1649 年	1 月，特别法庭宣判查理一世有罪，并处以死刑；5 月，英格兰共和国成立；［I］8 月，克伦威尔出征苏格兰
1650 年	［S］克伦威尔出征苏格兰
1651 年	［S］长老派为查理二世在爱丁堡进行加冕仪式； 同时期霍布斯出版《利维坦》
1652 年	英荷战争开始（持续到 1674 年）
1653 年	根据《政府约法》，克伦威尔就任护国主，不列颠诸岛成为单一制共和国
1660 年	查理二世（—1685）即位，君主制复辟（国教会及三王国也随之复活）

续表

1661 年	法国国王路易十四亲政（—1715）
1665 年	伦敦鼠疫大流行；皇家学会《学术纪要》创刊
1666 年	伦敦大火
1679 年	这一时期议会中出现了相互对立的托利党和辉格党
1685 年	詹姆斯二世（—1688）即位；路易十四于同年废除“南特敕令”，产生胡格诺难民问题
1688 年	九年战争（—1697，大同盟战争，继承战争） 6 月，王储诞生，“光荣革命”开始；11 月，奥拉尼埃公爵威廉登陆；12 月，詹姆斯二世逃亡
1689 年	2 月，议会提出“权利宣言”，威廉三世（—1702）和玛丽二世（—1794）即位；《宽容法案》通过；12 月，《权利法案》出版；洛克发表《统治二论》；［S］爱丁堡议会提出“权利要求”
1690 年	［I］詹姆斯二世和威廉三世的会战
1692 年	［S］格伦山谷屠杀

❶ 充满论争的17世纪

教科书中的历史梗概

17世纪的历史是充满争议的。17世纪的人们仍然征战不休，历史学家也对如何把握这个世纪进行着各种论争。其中，如何与接下来的18世纪一起理解英国的近现代，构成了论争的中心。

我们所熟悉的教科书内容大致是这样的。1603年是江户幕府开幕之年，也是都铎王朝的落幕之年，苏格兰国王詹姆斯六世（1567—1625在位）继承英格兰王位，成为詹姆斯一世（1603—1625在位），开启了斯图亚特王朝。但是詹姆斯轻视英格兰自古以来的传统国家制度，宣扬君权神授，实行君主专制，对原教旨者和民主主义者加以迫害。为了逃避压制，“清教徒先祖”不惜横渡波涛汹涌的大西洋找寻新天地。詹姆斯之子查理一世（1625—1649在位）也厉行专制，导致1640年召集的议会与国王决裂，演变为内战和内乱。议会和军队在奥利弗·克伦威尔的“正确信仰”和方针领导下获得了胜利，并于1649年由清教徒发动市民革命，处死了暴君，实现了共和制度。

但在克伦威尔死后，共和制瘫痪，1660年，君主制和国教会得以复辟。清浊共饮的查理二世（1660—1685在位）虽然展现了巧妙的统治技巧，但他的弟弟詹姆斯二世（1685—1688在位）强迫国民信奉罗马天主教。天主教复辟即意味着反动，遭到英格兰世俗和宗教统治精英的一致反对，经过1688—1689年的“光荣革命”，最终确定了专制制度的失败与新教和议会制民主主义的胜利。

两种进步史观的修正

这样的故事情节，在19世纪的自由主义者的形塑下确立了一种学术传统，并渗透到学校教育中。这是一种从议会制民主主义和自由主义进步史观出发的，对历史通俗易懂的阐述。由于将其推广开来的是辉格党和自由党的支持者，因此被称为“辉格史观”。“辉格史观”也适用于其他时代，但最早出现在对17世纪史的记述中。

作为对这种自由主义进步史观的批判，马克思主义把政治和文化、经济和阶级作为构成社会的基本要素进行论述，并以此指出了历史发展的必然性，即君主专制必然崩溃，并导致市民革命，而资本主义在全面发展以后，也会由于内在矛盾而衰落，从而实现社会主义共同体。虽然辉格史观和马克思主义史观的目标迥异，而且在是否具有必然性方面也存在很大的差异，但在其他方面却非常接近。二者“定向进化”的内核是共通的，只是存在自由式和教条式的差别而已。

这两种进步史观下的17世纪史，都将斯图亚特王朝的四代国王叙述成一个由连续专制一路走向破灭的历程，而清教徒和议会则代表着自由、民主和生产力。无论在何种场合，英格兰以外发生的事件都被视如附属物或杂俎处理。今天课堂里所教的也只是这样的故事。

这种以英格兰为中心的进步历史观在近年来的英美学术界中被否定，并对“白人盎格鲁—撒克逊新教徒”价值观和清教徒史观提出了疑问。那么，在新的研究中，如何对17世纪史进行修正呢？实际上，从某一具体方面出发的批评、分析已有许多，但由于其中大部分都被历史的复杂性和情境性绊住了手脚，未能作出明确透彻的判断。

不过，从不列颠诸岛的政治秩序和认同的角度出发，剑桥大学 J. 摩利尔的“三王国战争”论为我们提供了一个有说服力的解释。摩利尔是《牛津国家人物传记大辞典》(全 60 卷，长期更新）17 世纪部分的责任编辑之一。

以下的说明也包含了笔者的论点，即本书在处理 1603 年的王朝更替时，不但包含了从“好女王贝丝”到“詹姆斯大帝”的承继性，也将重视查理一世的非承继性，这是与两个进步史观有所不同的理论路径。

再从欧洲史的观点来看，荷兰联邦共和国的全球商业霸权、三十年战争（1618—1648）、17 世纪中叶整个欧洲的停滞以及后半叶路易十四的统治都是决定性的历史事件。因此，考量从人文主义到启蒙运动的理性发展的历史，就更加不能忽略新教这条线索。

同君联合与复合君主制

正如第 4 讲中所谈到的，不列颠诸岛虽然有英格兰、苏格兰、爱尔兰三个王国并立，但在 1603 年，三个王国被一位名叫詹姆斯·斯图尔特的君主联结了起来。从罗马帝国、征服者威廉、长腿爱德华到亨利八世都曾经反复尝试却求而不得的结合，却由詹姆斯简单地实现了。但是，由于这种结合是基于“同君联合”的形式，并非合并为一个国家，伦敦、爱丁堡和都柏林三个首都不是各自保留了顾问会议，就是设有总督府和议会。

所谓“同君联合”，对于笃信“万世一系”[1]的人来说，可能会被认为是一种特异的景象。但是，中世纪英格兰就曾出现克努特和安茹王朝的先例，这在近世欧洲更可以说是常态。看一下 1600 年前后的欧洲就知道，西班牙国王的王位还与葡萄牙王国、那不勒斯王国、布拉班特公国等哈布斯堡家族的家产制国家联结在一起；结束胡格诺战争的法国国王亨利四世身兼纳瓦拉国王；而神圣罗马帝国皇帝的头衔下则包括了罗马国王、波希米亚国王、奥地利大公、哈布斯堡伯爵等。

H.G. 凯尼西斯巴克（伦敦大学）与 J.H. 埃利奥特（牛津大学）根据欧洲国家制度史上的这些史实，提出了“复合君主制”这一概念。不仅是君主制，共和制的国家也可以成为“复合国家”。复合部分可以涉及从王国、领邦到城市规模和性质的社会政治的各个方面，H. 古斯塔夫森（隆德大学）称之为“砾岩一样的国家”。砾岩是地质学的术语，但就像今天的国际联合企业一样，这个概念所侧重的是带有非

1　由于日本未经历王朝更迭，所有君主都来自同一血脉，近代日本史书自称“万世一系”并一度写入宪法。该说法带有政教合一的神话色彩，并为“二战”扩张服务，现已不在正式场合提及。

均质、多样性和可塑性的联结。

即使效仿神圣罗马帝国皇帝查理五世（卡尔五世）和西班牙国王腓力二世的“詹姆斯大帝”，也不能冠以“普遍君主”的称号行世，只有作为“复合 / 砾岩君主”才有可能。

近世的复合国家或者说“砾岩政体”的元首，必须了解各国的多样性，需要聪明地进行指挥和领导，关键时刻甚至要具有侵略性。且因为处在宗教战争的时代，所以社会政治和宗教信仰是不可分割的整体，君主要想主张超越宗教派别的普适性，就必须与上帝实现直接联系（君权神授）。如前所述，在中近世代表和体现公共性的是各地的王公贵族。1625 年继位的查理一世，能够将三个王国世俗和宗教问题交织的砾岩似的公共性，作为灵活统治的工具吗?

❷ 三王国战争与清教徒共和国

查理一世的课题

查理一世是“詹姆斯大帝”柔弱的次子，因哥哥亨利病死，12 岁时被卷入斯图亚特复合 / 砾岩国家的政治和宗教风暴。但他通过努力克服了天生的障碍，是一个克己之人。查理即位的时间是 1625 年 3 月（1625—1649 在位）。

查理作为国王的首要课题是结婚并生下嫡子。在三十年战争期间，由于与法国波旁王朝的战略意图一致，查理一世与路易十三（1610—1643 在位）的妹妹亨利埃塔 · 玛丽亚于 1625 年 5 月举行了婚礼。为了王后，他还建造了罗马天主教礼拜堂，这对清教徒来说是一场充满不快的婚姻。虽然人们担心 24 岁的谨小慎微的国王和刚满 15 岁的孩子般的王后会有怎样的新婚生活，但与查理日后政治生活的恶化相反，两人的私生活过得非常亲密。

查理的第二个课题，是在欧洲的主权国家群中确立竞争战略。查理的姐姐嫁给了普法尔茨选帝侯腓特烈，这位腓特烈“冬王”作为波米亚新教贵族的盟主，为了争夺神圣罗马帝国皇帝之位，揭开了三十年战争的序幕。法国虽然是天主教国家，但当时却是与神圣罗马帝国皇帝（哈布斯堡家族）敌对的友军，也是查理一世王后的娘家。荷兰虽然是新教国家，但在经济上是英国的竞争对手，并且刚刚于 1623 年因安汶事件与英格兰决裂。

第三个课题是宗教问题，查理一世的国教会中存在加尔文派的先定论及长老主义，与阿米尼乌斯派的普遍恩宠说及自由意志论的对立。因为阿米尼乌斯派否定了先定论，而且重视祭礼，被清教徒攻击为接近天主教的“教皇教”。

英格兰的外交战略一直与国教会存在联动。起先掌舵的是白金汉公爵乔治·维利尔斯（1592—1628）。乔治作为查理父王时代的宠臣，身材高大俊美，同时也是一个现实的政治家，获得了查理的完全信任。这位白金汉公爵由于支援被围攻的法国新教海港城市拉罗谢尔失败，被议会弹劾，后被对其怀有私怨的军官暗杀。

失去了敬爱的白金汉公爵，查理孤独的心日后便只向上帝和王后敞开。凡·代克的巨幅家族肖像画（图 5-1），在

图 5-1　查理一世一家（凡·代克画）。左边穿裙子的男孩便是查理二世，王后抱着的是玛丽公主（威廉三世的母亲）。该幅油画是 1632 年左右王室的肖像。

亲密的空间里表现了国王的孤独。查理是美术的赞助者，但他拘泥于秩序和形式，心胸狭窄。伊丽莎白和詹姆斯的“中道”具有容纳多样性的度量，但查理走了与前两代国王不同的路线，采取了阿米尼乌斯主义，不承认除此以外的其他事物。

清教徒对“教皇教”

在1628年为了征收战争费用而召集的议会上，自下而上的“权利请愿”替代了对预算的确认。所有的争议提案都被赋予了两极对立的意义：正确的信仰还是“教皇教”，自由还是专制。国王无法忍受议会的刁难，于1629年中止议会，此后11年都没有再次召集。但国王的无议会亲政、征收“临时税”等，就此被约翰·皮姆等前任清教徒议员批判为“新政”（innovation）。他们甚至用传单和小册子攻击星室法庭、高等宗教事务官法庭等掌握大权的裁判所，称其为“教皇教”的地盘。而随着这一时期商业出版的发达，在公共领域也掀起了一场纸媒战争。

生活于近现代的人，一般认为革新一定是好事。但是，在传统社会中，遵守“自古以来的国制”才是正确的，任何新规或新奇之策都会成为被质疑的对象。英国“自古以来的国制”即普通法，在这方面，福蒂斯丘的《统治论》及“好女王贝丝”均为先例。查理一世与清教徒其实是“不宽容”的两极，居于中间的良知派所支持的，正是这种自古以来融通无碍的国家制度。

清教主义和所谓国王的“教皇教”完全对立。查理曾将其父王时期出版的《运动之书》再版，宣扬星期日应该尽情游玩。不过，对禁欲的清教徒来说，这是对“上帝之日”的亵渎。戏剧（舞台艺术）也被认为是不道德的，最终由1642年的长期议会通过决议，禁止一切戏剧演出。

更严重的纠纷发生在苏格兰和爱尔兰。

苏格兰：长老派的抵制

詹姆斯六世/一世的宫殿里总是有苏格兰人出入，这说明他在复合君主制下对苏格兰的情报和利益输送都没有懈怠。虽然查理一世也曾三次行幸苏格兰，但他的信息渠道却存在滞缓和偏颇的问题。1633年，在爱丁堡举行的加冕仪式上，苏格兰的政治文化和长老派信仰丝毫没有改变，这引起了英格兰贵族和清教徒的怀疑。

国王和坎特伯雷大主教劳德（1633—1645在职）在苏格兰教会建立了与英格兰相同的主教制度，并于1637年在苏格兰颁布了《公祷书》。由于这版《公祷书》中偶像崇拜的气息很浓，牧师在礼拜的时候必须背对着信徒，面向祭坛，这种具有强烈天主教色彩的形式遭到长期抵制。翌年初，贵族、地主和牧师结成了“国民圣约”。这是长老主义和苏格兰人的民族意识相结合而产生的抵制行动。但心胸狭窄的查理将此视为对自己的宣战布告，并准备集结军队进行制裁，由此拉开了“主教战争”以及“三王国战争”的帷幕。

爱尔兰：新教的不满

统治爱尔兰的是驻扎在都柏林的总督（国王代理行政官）。从 1633 年起，托马斯·温特沃斯（1640 年被封为斯特拉福德伯爵）就任此职。他的首要任务是解决财政赤字，由于使用了削弱新殖民者利益的“连根拔”策略，爱尔兰财政扭亏为盈。

温特沃斯的第二个任务是制定针对占人口多数的天主教徒的政策，他自己虽然已改信新教，但认为对天主教进行迫害而导致其进行地下活动是不可取的，所以采取了一种宽容的政策。另外，根据爱尔兰的《公祷书》，长老派被排除出爱尔兰国教会。以新教地主为主的新殖民者憎恶这位自由主义总督，他们要求对多数派的天主教居民进行宗教恐怖统治。

由于治理有方的温特沃斯在 1639 年被处于旋涡中的国王召回伦敦，爱尔兰出现了权力真空。当地的情况开始变得不稳定，新教民族主义鼓动下的恐怖行动和种族屠杀正逐步浮现。

1640年的两个议会

1640年4月，国王接受斯特拉福德伯爵温特沃斯的建议，召集了议会。但是，包括皮姆在内的清教徒议员立即要求对因天主教和国王专权产生的“申诉案”进行审议，由此发生纠纷，国王不得不解散了议会。此次议会被称为“短期议会”。此时，灵活机动的苏格兰军正在英格兰境内四处活动。8月，已有2万名士兵进驻英格兰东北部纽卡斯尔，要求议会支付赔偿金，否则不会撤退。

查理只能再次召开议会。清教徒的攻势、国王的腹背受敌和后手失算的效果相乘，使危机进一步陷入了不可收拾的地步。

同年11月召集的议会接受了苏格兰军的赔偿要求，并通过了解散议会需议会本身同意，以及每三年举行一次议会选举的决议。这次形式上持续到1660年的议会被称为“长期议会”，成为所谓“清教徒革命”的主要舞台。

长期议会要求废除星室法庭和高等宗教事务官法庭等机构，更换枢密顾问，以及将劳德大主教作为包括苏格兰问题在内的宗教事务责任人、斯特拉福德伯爵作为包括爱尔兰问题在内的政务责任人予以弹劾。特别是“君侧之奸”斯特拉福德伯爵被当成替罪羊，于1641年5月在伦敦塔以叛国罪之名被处死。

使情况迅速发展的是苏格兰军队的压力，以及与之相联的长老派议员、纸媒战争和伦敦的群众。后者包围了议会和宫廷并提出要求。皮姆议员以院外压力为由，通过了其激进政策。这不禁让人联想起在150年后的法国革命中，以舆论和无套裤汉起义为背景采取行动的革命派议员。有些人认为这是比国王专制更恶劣的人民专制，但处决高官早在中世纪就有先例。很多议员宣称自己只是修正“新政”，除掉奸臣，恢复传统国制而已。

屠杀事件与军队的指挥权

1641年11月初，爱尔兰发生天主教叛乱的消息传到伦敦。本来是来自英格兰的清教徒定居者一直威吓着恐怖分子以防止种族屠杀的发生，但怀有危机感的天主教居民却预防性地袭击并杀死了数千新教徒。这次对抗性的恐怖行动被报道为“对数十万持正确信仰者的大屠杀”，清教徒立即做出反应，以发生社会动乱为由，使威斯敏斯特的议会获得了镇压军的指挥权。

议会代替国王掌握军队的统帅权，是与传统国家制度相悖的决定。这是坚守国制的良知派推翻“议会专制”，支持权力回归国王的机会。

可是，查理一世却采取了非常肤浅的对策。1642 年 1 月 4 日，为了逮捕包括皮姆在内的激进派五议员，他亲自带兵突袭了议会。五人收到国王发动政变的消息，迅速撤离了会场，这使随后出现的带着亲兵的国王颜面和信用尽失。国王闯入下议院是空前绝后的事，而且查理还带着全副武装的亲兵。议员本就有不在议会会场被逮捕的特权，国王自己却践踏了这一传统国制。

1642 年，三王国战争开启

窝藏五名议员的是伦敦市政府。这一事件导致议会中间派数量锐减，大部分议员按照激进派的意向离开了议会和伦敦，同时国王也开始在地方募兵。1642 年 8 月，查理在诺丁汉举兵，英格兰内战爆发。王党派的司令部设在牛津。

在王党派和议会派之间，人们是如何选择立场的呢？虽然以往的言说体系将这次英格兰内战描述为“市民革命”，但实际上两派都有贵族、平民、地主、工商业者和工匠等来自各阶层的拥护者。决定立场的不是阶级，而是教派、各人的国制观，甚至人际关系。

苏格兰长老派介入了英格兰的政治纷争。1643 年，旨在建立两王国联邦的《神圣同盟与誓约》在英格兰议会期间签订。随后便召开了以将不列颠诸岛“长老派化”为目标的“威斯敏斯特会议”（1643—1649）。在爱尔兰，总督温特沃斯到来以前的新教殖民者权力被复活，与天主教同盟形成了对立。三王国战争由此展开，战争的走势由苏格兰长老会、英格兰议会军和复合君主查理之间的力学关系决定。

1642—1646年的战争过程虽然在此无法一一深述，但在战争后半段，议会军不断在重要战斗中取得胜利。其中，由苏格兰贵族子弟托马斯·费尔法克斯上将（1612—1671）和剑桥议员奥利弗·克伦威尔中将（1599—1658）指挥的“新模范军”士气、纪律、后勤俱佳。议会军控制了经济和金融中心伦敦市，也对战争走势起到了决定性的作用。

图 5-2　克伦威尔，清教徒共和国的护国主。

克伦威尔是前述16世纪能吏托马斯·克伦威尔的远亲。他虽然是地方清教徒地主，但坚决反对伺机独大的长老派势力，并为避免军队和议会的分裂而殚精竭虑。此外，他还废除了长腿爱德华的犹太人驱逐令，接纳了犹太人。

虽然国王从王后的哥哥路易十三那里得到了资金援助，但是随着内战的长期化，国王军队的财源枯竭，士气逐渐瓦解。继司令官鲁珀特公爵投降后，查理也投降了，他被移交给议会军，并被软禁。议会和军队都想排除“教皇教”，重建纯粹的国家和教会，但是在这个时候还不能废除君主制，败军的司令官也没有被处决。国王作为谈判对象，其读书、会面以及外出都是自由的。

有产者革命与平等派

虽然第一次内战结束了，但是议会军——即新模范军——并没有解散，从而成为英国历史上最早的常备军。士兵中提倡平等主义的平等派乘胜追击，提出了恢复普通男性议会选举权和被选举权的要求。1647 年秋，围绕平等派提出的《人民公约》，克伦威尔及其女婿艾尔顿等军队干部和平等派代表在伦敦近郊的帕特尼教会进行了连续数日的讨论。

关于帕特尼的讨论，只有前三天的会议记录留存至今。平等派的代表雷恩巴勒上校就争取英格兰出生者（男性）的生存权及政治发言权表明了立场，但艾尔顿表示参与政治并非自然权力，而是“有恒产者（男性）”的权利。他宣称“国家制度是基于财产基础设置的”。这引起了平等派的怒火：“如果不是恒产者就没有国家权利的话，那么我们不就都成了雇佣兵？”接着雷恩巴勒抑制住愤怒，冷静地说道：“到现在为止，士兵是为了什么而战斗？难道就是为了给富人、地主赋予权力，将自己变成奴隶吗？”

结果，围绕国家形态而展开的帕特尼之争以决裂告终。平等派于 1649 年春发动了叛乱，但被镇压下去。可见，清教徒革命其实是反天赋人权思想的有产者革命。此外，这个时代的精英也好，平等派也好，都没有男女平等的设想。

审判、处死国王

根据协商的结果，现任国王查理须退位，并且可能还要通过限制查理二世王权的提案。然而国王并没有妥协。王党派瞅准议会、军队、长老派、苏格兰各方尚处于各自为政的时机，拉拢苏格兰，于 1648 年 3 月再次开战。第二次内战经过数月即告结束，王党派遭受了严厉的惩罚。

1648 年 12 月，军队通过哗变在议会中清洗了优柔寡断的中间派和试图独善其身的长老派，由剩余议员组成了审判国王的特别法庭。特别法庭的审判员由 135 人组成，其中 67 人出席了 1 月 27 日的判决。根据《旧约圣经》，国王查理·斯图亚特的罪行被定性为“杀戮上帝子民，应承受上帝报复”。在“暴君、叛徒、杀人犯、公敌”查理的死刑执行命令书上签名盖章的有 59 人（后来被称为弑君者）。

1649 年 1 月 30 日是一个极度寒冷的日子，在白厅宫设置的处刑台上，查理的头被斧头砍下。这并不是英国历史上第一次发生的国王被杀事件，但在此之前的死者都是由于战斗和暗算。通过法庭的判决公开处死国王，还是空前绝后的事。

共和国与爱尔兰、苏格兰

尾间议会[1]于 1649 年 3 月废除了英格兰和爱尔兰的君主制和贵族制，5 月宣布英格兰统一为“由国民作为最高统治权威的共和制的自由国家”。克伦威尔的军队逮捕了英格兰境内的平等派，并拍卖了国王领地和王党派的土地，于同年 8 月出征爱尔兰，又于 1650 年 8 月出征苏格兰。围绕清教资产阶级的共和制革命与三王国身份认同的战争，就此形成

1　尾间议会（Rump Parliament），即清洗后的长期议会。

了表里一体的关系。

1649 年，爱尔兰王国及其国教会被消灭，出征爱尔兰的克伦威尔军毫不留情地进行了屠杀和财产没收，这就是广为人知的德罗赫达屠杀。在军队的压制下，空前规模的土地被更换了所有者，引发了 17 世纪 50 年代的爱尔兰社会、经济和政治革命。

苏格兰长老会与英格兰决裂，重新与查理二世缔结了《神圣同盟与誓约》，并宣布其即位为苏格兰国王。1651 年 1 月，长老会为其举行了苏格兰式的加冕仪式，体现出了强烈的民族意识。这是英格兰共和国不能容忍的，克伦威尔派兵与王党派和长老会贵族混合的苏格兰军展开了战斗。苏格兰军先是攻入了英格兰境内，但同年 9 月在杜斯塔战役中败退。虽然查理二世藏在一棵大橡树上躲过了追兵，但此役后苏格兰便被英格兰共和国吞并了。

仍是 1651 年，英格兰试图与同为新教共和国的荷兰结盟。虽然双方展开了谈判，但《航海条例》使两国的海运发生了利害冲突，1652 年转而进入英荷战争时期。

民众的暴力与宗派

内战时期，清教战士的破坏活动非常激烈。社会文化史

图 5-3 “颠覆”的世界（1649 年的版画）。人们倒立行走，鱼在空中飞，老鼠追着猫，兔子追着狗。

学家 J. 沃尔特认为，这一时期出现了民众对被怀疑是“教皇教徒”的地主行使民众权力的行为，清教徒从“民众伦理”中衍生出了类似于“治安维持权”的概念。现在来到伊利大教堂的人看着圣徒像和美丽装饰上“偶像破坏”的痕迹还是会被吓一跳吧。在长老派苏格兰，从内战到君主制复辟时期，魔女狩猎反复上演。在以清教徒为主的新英格兰（塞勒姆等地），魔女狩猎也十分盛行。

在 1649—1660 年的“空位期”，英格兰国教会解体，主教制和《公祷书》也不复存在，但圣经主义（Biblicism）得以保存，各教区受命自治。长老派、会众派（独立派）、浸信派、贵格派，还有各种梦想着千年王国的激进宗派都拥有各自的势力。整个社会都弥漫着一种“颠覆”的感觉。

护国主体制

1653 年 12 月，作为成文宪法的《政府约法》制定完成，克伦威尔就任护国主，三个家产王国被消灭，成为单一的“英格兰、苏格兰、爱尔兰共和国”。议会的席位分配是英格兰、威尔士、海峡诸岛共 400 席，苏格兰 30 席，爱尔兰 30 席，共计 460 席。在不列颠诸岛的漫长历史中，只在 1653—1660 年实现了“无君、一议会、一法”的共和国。在英国历史上，这是共和制、中央集权和成文宪法同时出现的特别瞬间。

在作为国家元首的护国主之下，全国被分成 11 个军政区，成立了立宪军事政权。不过在 1658 年克伦威尔去世后，这些地方的军政系统陷入了瘫痪。在混乱之中，1660 年 2 月，没有政治野心的军政官蒙克将军与伦敦市当局会谈，决定重新召开 1648 年清洗之前的“长期议会”。随后，长期议会自行解散，重新选举，这意味着议会决定结束长达 20 年的革命。同时，流亡荷兰的查理二世发表了与之相呼应的

《布列达宣言》，承诺接受议会的决定、免除刑事责任、保障财产权和信教自由。

霍布斯的秩序问题

托马斯·霍布斯被誉为政治哲学领域的哥白尼或伽利略，他最著名的著作《利维坦》（1651）也是英国内战时期的产物。霍布斯从意大利的科学革命和法国的理性主义哲学中学到了很多东西，他把“万人对万人的战争”和国家权力的绝对性对立起来。

内田义彦和水田洋不约而同地指出，霍布斯从质疑人性的角度，就市民/教会秩序的建立，以及理想国家（commonwealth）的形成所作的探讨，为约翰·洛克的《统治二论》（1689）作了理论准备。的确，霍布斯在二选一地考虑英国应保持自然状态（无秩序）还是推进建立联邦（国家）时，洛克还没有考虑分权政府的问题。尽管如此，作为概念的构筑物，政治哲学作为一个学术方向，虽以马基雅维利为契机，但却是由霍布斯正式开启的。霍布斯可以说是18世纪伦理哲学的先驱。从内田义彦的《社会认识的步伐》到本书都贯穿了“霍布斯的秩序问题”，聪明的读者想必已经了解其社会政治理论的大致观念和主题了。

清教徒革命与法国革命

在此，我们先来考量一下英国和法国革命的异同。

第一，对国王的审判和处刑。1793 年 1 月法国虽然也发生了类似的事情，但并不完全相同。1649 年，英国在国王被审判处决之后，才在 3 月废除了君主制和上议院，5 月宣布实行共和制。而法国则在 1792 年夏先宣布停止王权并宣布共和，翌年才对国王进行审判和处刑。英法两国的共同点在于都经过了反复讨论，并完整保留了过程记录，但 17 世纪的英国先追究人的责任，随后才对国家制度原则进行变更。

第二，有无外国干涉战争。正因为列强发动了战争，试图对共和制法国进行干涉，出于保卫祖国的需要，革命政权和共和主义才变得激进。克伦威尔也担心出现针对共和制英国的国际干涉，但刚刚结束三十年战争的欧洲列强却没有这个余力。特别是王后的祖国法国，正处于投石党之乱（福隆德运动，1648—1653）的旋涡中，波旁王朝本身就处于危机之中。到了 1653 年，法国和西班牙干脆承认了护国主政权。因此，英国的革命家只需考虑不列颠诸岛内部的情况。1652 年开始的英荷战争，则是一场在海外进行的商业战争。

第三，英法革命更大的差异是时代的不同。说到底，17

世纪仍然处于宗教战争时代的清教徒革命，与 18 世纪在穿插着启蒙思想的“第二次全球化”期间发生的法国革命，面临的历史条件是完全不同的。如果因为 17 世纪的英国没有出现普世的、超越基督教的《人权宣言》以及反对党、山岳派等革命领导团体而大谈其不彻底性，无疑就犯了历史认知的错误。

不过，由于 1640—1660 年的政治过程表现出砾岩一样的复合性特征，因此有的研究者不愿称之为“革命”，这不过是过于拘泥于细枝末节而产生的谬误。在三王国战争中，英格兰国王的家产制国家解体，实现了清教资产阶级的共和主义革命，而 1660 年，英国的共和制又自我消亡了。正如 18 世纪法国革命所体现的复合性，英国革命在 17 世纪也具有复合性并不奇怪。

❸ 君主制、国教会和议会的重建

旧制的复活

1660 年 5 月 29 日，查理二世在自己 30 岁生日当天，经过伦敦桥和伦敦市区，抵达威斯敏斯特，凯旋而归。根据法律，一直到 19 世纪为止，这一天都是国民的节日。1661 年，查理二世作为英格兰和爱尔兰国王举行了加冕仪式（其法理在位时间为 1649—1685）。“Restoration”的意思是君主制的复辟，但复辟甚至再兴的不仅是君主制，还有上议院、国教会和三王国体系，也就是说，旧制度和家产制国家都复活了。

内战以后，虽然未经国王批准的布告等行政命令都被宣告失效，但是 1642 年 1 月以前通过的法律仍然有效。此外，星室法庭和高等宗教事务官法庭等权威司法机关的特别补助金等款项，也由于未获议会承认而没有得到恢复。总之，贯穿这个时期的是法制主义，专制主义并没有复活。

国教会在1662年《信仰划一法案》中回归了伊丽莎白和詹姆斯时期的中道路线。查理二世的父王查理一世被国教会封圣，称号为“殉教者圣查理”。

快乐的君主

决定英国君主制复辟时期社会政治的因素有四点。第一是法王路易十四亲政（1661—1715）前半阶段的国际条件。太阳王路易和财政总监科尔贝一起，在荷兰、法国、英国相互争夺商业霸权的时代，与英国构筑了紧密的关系。查理二世不仅从表弟法国国王那里得到了援助资金，而且得到了情妇朴茨茅斯女公爵的资助，受贿让他感到非常开心。1670年，他与法国缔结了秘密条约。此后直到1688年，无论是金钱、女人还是军队，英国国王都得到了太阳王的援助。

第二是查理二世的个性。与其父王正好相反，但与其外祖父亨利四世相似，他是善于交际且清浊共饮的“快乐君主”，除了1649年的弑君者以外，任何人他都可以接纳。查理将弑逆国王的克伦威尔、艾尔顿等人的尸体从坟墓里拖出斩首示众，并将还活着的九人逮捕处死，对逃亡国外者也没有停止追捕。但与弑逆行动没有关联的克伦威尔的儿子和费尔法克斯将军则得以寿终正寝，军政官蒙克则被晋升为将军并得到重用。

被任命为大法官的忠臣爱德华·海德（克拉伦登伯爵）把传统国制和法制主义奉为信条。克拉伦登伯爵还著有《英国叛乱史》一书。他的女儿安妮嫁给了王弟约克公爵，但在1671年生下第二个孩子后死去（这两个孩子后来相继成为女王）。

第三是议会在承认王室财源的同时，要求分散权力。新议会虽然被称为“骑士议会”，占据议员多数的却是国教徒绅士，他们重新确定了都铎王朝以来的望族统治。与法国不同，英国没有常备军，治安依靠民兵维持。因此在中央官僚不下乡的情况下，确保地方自治团体忠诚的是法制主义和国

图 5-4　查理二世像。这位大腹便便的快乐君主与表弟路易十四交情深厚。

教会的审查。

第四是获得了政治以外的影响长期经济的权益。1662年，查理二世与葡萄牙布拉干萨王朝的公主卡塔里娜（凯瑟琳）结婚，新娘的嫁妆不仅包括巨额资金，还有非洲丹吉尔港、印度孟买港以及与巴西和印度的自由贸易权。从葡萄牙获得的权益（包括巴西和印度），给此后的英国带来了巨大的利益。

“快乐君主”在宗教方面的宽泛处理和亲法国的路线让一部分人期待，又让另一部分人厌恶。王朝复辟时期是“颠覆的世界”过后的一个多样性时代。清教徒的禁欲主义遭到反对，戏剧和文学之花再次绽放。巴特勒的叙事诗《胡迪布拉斯》模仿《堂·吉诃德》讽刺了长老派骑士，在当时被广泛传阅（参见拙著《民众道德》40页）。弥尔顿、班扬、巴克斯塔等清教徒作家和传教士的著作也多是在复辟期间出版的。根据《信仰划一法案》，清教徒虽应从国教会的职位上全部清除，但也有长老派牧师H. 纽卡姆这样的乡间绅士被允许担任司牧的例子。在他的日记中，交织着自身“正确信仰”与民众享乐文化的摩擦，甚至不时出现暴力迫害的记录。

在这个“应有尽有”的时代中，首都伦敦却先后遭到了1665年鼠疫和1666年大火的袭击。虔敬的人们认为这不是上帝的愤怒，就是“教皇教”在搞鬼。但不论原因如何，圣保罗大教堂和 87 个教会已经被烧毁了。

托利党与辉格党

虽然查理二世生了 17 个私生子，但是他和卡塔里娜没有嫡子，王位由弟弟约克公爵詹姆斯继承。在太阳王路易的撮合下，摩德纳的玛丽亚公主成了约克公爵的第二位夫人。

随着时间的推移，不止玛丽亚，约克公爵自己也是天主教徒的事实越来越明显，议会随即出现了两个阵营。他们谩骂对方，承认约克公爵王位继承权的议员被称为托利党（原指爱尔兰的夜盗和游击队），不承认公爵王位继承权的议员被称为辉格党（原指苏格兰长老派、叛徒）。随着谩骂之意逐渐消逝，托利党和辉格党也被用作自称。

托利党和辉格党也被翻译成王权党和民权党等，但他们实际上都是尊重王权、回避内战的国教徒。由于是松散的派别集团，其性质也会随时代有所变化，但从核心理念来看，托利党是主张无条件服从王权和国教会的权威，维护乡绅家长制的秩序派。辉格党则倾向于公共利益和自由理念，是相对精英的国家理性派。两党分别以沙夫兹伯里伯爵和约翰·洛克为代表。

“教皇教”与专制再现？

1685 年，约克公爵以詹姆斯二世 / 七世（1685—1688 在位）的身份即位后，查理二世的庶子蒙茅斯公爵便作为新教盟主发动了起义，但由于追随者寥寥无几而遭惨败，其本人受到了严厉的惩罚。

詹姆斯二世曾是海军军官，亲法反荷，因此非常讨厌议会的掣肘。他即位后，便更换了大量法官、大臣和地方行政长官，取消了自治城市的敕许状，对议员选举也放任不管。他强迫国民接受罗马天主教，并为此起诉了国教会的七个主教。尽管如此，人们认为 54 岁的詹姆斯二世没有多少时间了，他死去之后前王后安妮的长女、新教徒玛丽（后来的玛丽二世）便将继承王位，因此可以暂时忍耐。

然而，1688 年 6 月，玛丽亚王后生下了王子，并接受了天主教的洗礼，使这一设想被推翻。这样下去，势必还会重现“血腥玛丽”和“教皇教与专制”时代。

光荣革命——对路易十四的战争

为了改变事态，托利、辉格两党和国教会的贤人们开始联合起来策划政变。他们的目标是与新教徒玛丽公主结婚的荷兰总督奥兰治公爵威廉三世（橙色公爵威廉）。夫妇二人都是斯图亚特家族的嫡系传人（查理一世之孙），是毋庸置疑的新教徒。

当时的荷兰既是商业大国，也是欧洲海运、金融和信息中心。在共和制时期是王党派的流亡地，在复辟时期则是共和派的流亡地。从共和制时期到1674年，英荷之间的商业战争时断时续。但是，随着太阳王路易十四的霸权主义日益扩大，荷兰必须做好应对准备。17世纪末，荷兰的人口为200万，不列颠诸岛为900万。而法国的人口是2000万，在产业、军队、国际政治、文化等各方面都是欧洲第一大国，任何一个国家都不可能与其单独对抗。荷兰需要友军，而英国如果让亲法国的詹姆斯二世退位，也要做好战略转变的准备。这就是“昨天的敌人，今天的朋友”。

奥兰治公爵威廉三世在托利、辉格两派的邀请下，率领荷兰军队在1688年11月5日即“盖伊·福克斯日”，同时也是自己38岁生日的第二天，从英格兰西南海岸登陆。在英格兰人看来，这是为了恢复传统国制而进行的政变。而对乘船渡海而来的威廉来说，此举构建了对抗法国的新教轴心国。

路易十四在1685年废除了宽容对待改革派（胡格诺派）的南特敕令后，胡格诺离散民问题开始波及全欧。恰

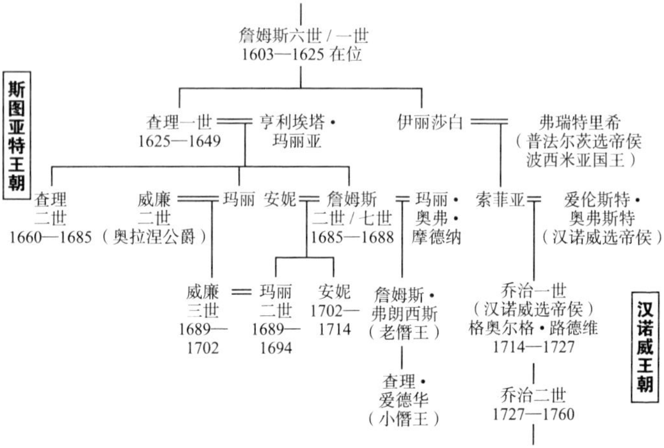

图 5-5 王位继承图。光荣革命是对斯图亚特王朝王位继承顺位的改变。根据 1701 年《王位继承法》，由汉诺威王朝继承国统。

逢 1688 年法国开启了“九年战争”（也称大同盟战争、巴拉丁王位继承战争），于是光荣革命（威廉王战争）即“英国王位继承战争”，便有了与路易十四的“胡格诺离散民战争”分庭抗礼的意味了。

议会君主制与新教人才

当威廉的军队向伦敦进军时，失意的詹姆斯一家逃亡了。在 1689 年 2 月的临时议会上接受“权利宣言”的威廉三世（1689—1702 在位）和玛丽二世（1689—1694 在位）

作为联合君主一起即位（章首图）。这次立宪革命确定了由新教徒继承王位、每年召开议会以及议会君主制 / 君主立宪制的原则。

12 月，议会通过了《权利法案》。法律谚语“King（Crown）in Parliament”便是指当时所确定的“受到议会的拥护，王权才能成立”，或者说“批准国王是议会的主权”原则。即由“国王、贵族、下议院”三要素组成混合政体，这使福蒂斯丘在中世纪末所倡导的“政治共同体与国王共同统治”终于得以法制化。这一国家制度的原则，经过不断修改和调节权力比重，一直被继承至今。

1688—1689 年的政权更迭过程在辉格史观中被称为“Glorious Revolution”，通过无血革命的形式排除了“教皇教”和专制的威胁，实现了议会君主制的“光辉和伟大的革命”，因此也被翻译成“光荣革命”。然而一切都是在荷兰驻军的控制下实现的。

在这场革命中，虽然也有像洛克一样主张社会契约和抵抗权思想的人，但都是少数，而且也没有明确发表权利宣言或权利章程一类的文件。领导光荣革命的既不是长老派或清教徒，也不是共和主义者或社会契约论者，而是相信“传统国制”的辉格党和托利党。他们基于“血腥玛丽”、三王国战争与共和制的记忆，选择了“传统国制”。

光荣革命的另一个核心是《宽容法案》。自此以后，国教以外的新教其他宗派也可以享受礼拜和教育的自由。威廉三世和革命政权积极起用了包括胡格诺教徒和荷兰人在内的非国教新教徒。这些人活跃在各行各业，尤其是胡格诺教徒，是工兵、绸缎、钟表等尖端工艺的旗手。随着英国对17 世纪末世界各国知识和技术的活用，光荣革命所建立的体制开始运转起来。

三王国的流血革命

光荣革命是围绕路易十四霸权主义下的欧洲国际政治，具体来说是九年战争的重要一环。正因如此，一度流亡到法国的詹姆斯二世，也为了顺应太阳王路易的战略登陆爱尔兰，在都柏林召集议会，准备迎击威廉的军队。

三王国原本在 1660 年就已经复辟了。1689 年起，两个凯尔特王国与达成立宪共识的英格兰的关系开始陷入紧张状态。

复辟时期，爱尔兰的统治权交给了当地的新教大贵族，最突出的问题在于天主教和土地。1690 年，詹姆斯二世的“雅各比”军（詹姆斯党）与威廉三世军之战以后者的胜利结束，博因河战役的事迹流传至今。1691 年，双方签署利默里克停战条约后，爱尔兰也被置于光荣革命体制中。

但对爱尔兰人来说，克伦威尔和威廉（橙色公爵）是一丘之貉，只不过这次象征新教徒取得优势的旗帜改成了橙色的而已。爱尔兰 80% 的人口是天主教徒、10% 是国教徒、10% 是长老派等非国教新教徒，但是天主教徒的土地所有率却从 1640 年的 59%，减少到 17 世纪 60 年代的 22%，90 年代继续减少到 10%。

复辟时期，苏格兰的统治也掌握在大贵族手中。但是长老派的信条、民族意识及各氏族的认同感相互交错，在圣安德鲁斯大主教被谋杀后，社会陷入了凶险的对立状态。1689 年，爱丁堡临时议会收回了詹姆斯七世的王位，以承认“权利要求”为交换条件，将王位授予威廉和玛丽。在英格兰的政治方案之外，作为苏格兰长老会的主体性选择，迎来了两位国王。这种国王选举制，可以说正是一种社会契约。

但是，氏族之间长久以来的对立尚未消解，导致 1692 年高地地区的格伦山谷发生了麦克唐纳氏族屠杀事件。这使高地地区和离岛地区期待詹姆斯七世及其直系亲属复位的“雅各比”心态，存在了很长时间。

结果，在 17 世纪不列颠诸岛北面和西面的两个王国中，都发生了几乎伴有氏族屠杀的战争，才迎来革命的完结（revolution settlement）。在 1689 年前后的欧洲战线上，英荷轴心与德意志诸国及西班牙联盟，共同挑战路易十四的霸权主义。受到辉格史观礼赞的光辉的“无血革命”仅限于英格兰境内，在不列颠诸岛和欧洲其他地方，不是有血革命就是战争。

国王选举制的终结

关于 1660 年、1685 年及 1689 年的王位继承，让我们先按照中世纪以来，证明王位正当性的三个要件来确认一下。

1660 年查理二世的情况是，第一，血统纯正；第二，贤人会议即议会（还有伦敦市政府）认可；第三，国教会赋予其上帝的庇护，不论哪一条都很完美。

1685 年，詹姆斯二世和蒙茅斯公爵比较的话，第一，关于血统，与王弟詹姆斯相比，庶子蒙茅斯公爵毫无优势。第二，在贤人会议即议会中，虽说托利党与辉格党发生了争执，但愿意不要命地拥立蒙茅斯的人很少，因为只要过一段日子，王位就会转到詹姆斯信奉新教的长女玛丽那里。第三，国教会的判断也是如此。最重要的是，内战和王位空置的记忆抑制了人们的行动。但是，1688 年的形势开始向意想不到的方向发展。

1688—1689 年革命时期的情况是，第一，论血统，玛丽和威廉在王位继承顺位上虽然都不如詹姆斯，但他们也是正统的斯图亚特王位继承人。第二和第三，临时议会和国教会都不接受詹姆斯的统治，而是期待新教君主玛丽和威廉。而且，荷兰驻军顶替了上帝的庇护，夺走了詹姆斯的士气。

也就是说，这个“愉快的王位继承结果”（happy settlement）是宗教、世俗、精英阶层的决断优先于血统的“国王选举制”。正因如此，玛丽和威廉才不得不在“权利宣言”上签字，进而形成成文宪法性质的《权利法案》。新国家的家产性减弱。威廉三世并没有辞去荷兰总督一职，而是经常往返两地。作为新教“砾岩政体”勤奋的元首暨将军，他毫不懈怠地进行统治，与路易十四进行着对抗。

第6讲

财政—军事国家与启蒙

近代数学、物理学的鼻祖牛顿，同时也是政治家和炼金术士。

大事年表

1689 年	光荣革命体制开始，第二次百年战争开始（间或持续至 1815 年）
1692 年	发行最早的国债
1694 年	英格兰银行成立
1701 年	《王位继承法》 西班牙王位继承战争（—1713） 印花布之争
1707 年	英格兰和苏格兰合并（大不列颠王国成立）
1714 年	乔治一世（—1727）即位，汉诺威王朝开始 赞助伏尔泰
1715 年	《取缔骚乱法》；“老僭王”和詹姆斯党叛乱
1720 年	南海公司泡沫事件
1721 年	首任首相沃波尔就职（—1742） 这个时期涌现了迪福、斯威夫特、曼多维尔等人物，报纸杂志、咖啡馆盛况空前，市民公共圈遍地开花
1740 年	奥地利王位继承战争（—1748）
1745 年	“小僭王”和詹姆斯党叛乱，翌年惨败
1755 年	约翰逊编定《英语词典》，标志近代英语的确定
1756 年	七年战争（—1763） ［A］此前一年，法国—印第安战争开始
1759 年	英国博物馆开馆；斯密的《道德情感论》出版
1775 年	［A］北美 13 个殖民地开始独立战争（—1883）

续表

1776年	斯密的《国富论》、吉本的《罗马帝国衰亡史》、潘恩的《常识》出版

① 长期变化中的16—18世纪

近世的长期变化与人口动态

在第4讲和第5讲中，我们对16—17世纪政治和社会的秩序问题进行了总体思考。但是，从16—18世纪这一长时间段的社会经济来看，近世是一个怎样的时代呢？恰好我们有一组关于英格兰的人口动态，以及更大范围的欧洲谷物价格的学术数据可供参考。那么，就让我们在第1节了解一下这两组数据在近世欧洲经济史中的意义。

17世纪后期，以威廉·配第的《政治算术》为代表，人口统计越来越受到关注。虽然人口历来被认为是军力乃至国力的基础，但近世却增添了对人口和粮食供应平衡问题的担忧，甚至开始产生了恐惧情绪。虽说如此，英国全国范围的人口普查（census）最早始于1801年，关于在此之前的人口动态问题，则有剑桥大学“人口·社会结构史”小组利用第 4 讲中提到的教区注册簿做过研究。这一出色的成果汇总在 E.A. 里格里和 R.S. 斯科菲尔德合著的学术著作里（图 6–1）。

图 6–1 英格兰人口曲线图。在人口史中，17 世纪就像井喷一样，人口出现了显著增长。

根据图 6–1，16 世纪 40 年代的英格兰人口不足 300 万，到 1650 年左右增加到超过 520 万，此后增长逐渐低迷，到 17 世纪 80 年代降到 480 万，是 17 世纪的最低点。之后缓慢回升，并从 18 世纪后期开始快速增加，1800 年以后突破 1000 万，并在此基础上于 19 世纪一直保持上升态势。图 6–1 上的对数刻度显示出了增减率在梯度和幅度上的变化。

从年增长率算出的结果来看，16 世纪 50 年代、17 世纪 50—70 年代、18 世纪 20 年代这三个时期都是负数。按年龄层来看，0—4 岁儿童占全体人口的百分比也在同一时期下降到了 10%，这是一个非常低的数字。新生儿或婴幼儿稀少是人口情况恶化的要因，也就是说，出现了人口动态危机。而 17 世纪后半叶，则进入了人口史上的井喷期。

欧洲的小麦价格

接下来我们要看的是来自 F. 普罗代尔和 F. 斯普洛纳所做的小麦价格变动研究。对 1450—1750 年欧洲 54 个地区小麦价格的统计研究显示，形状类似马头侧面的图表（图 6–2）显示了代表性城市的价格变动。由于各地的度量衡和

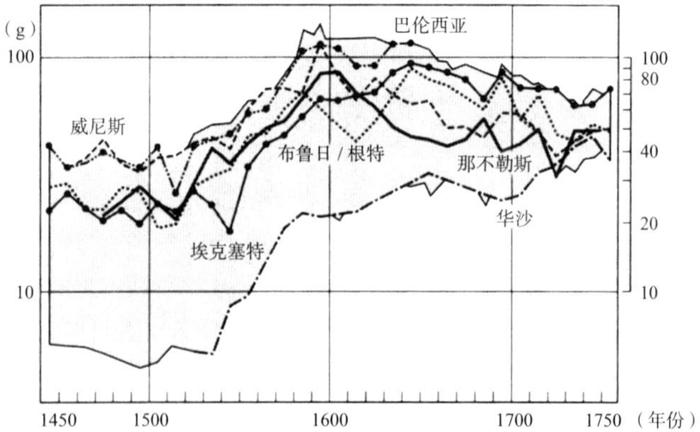

图 6–2　近世欧洲小麦价格。16—18 世纪，欧洲市场圈形成期间，英国（埃克塞特）的位置出现了相对上升。

货币单位都不同，为了使统计和比较成为可能，我们将每100 公升小麦价格相对应的银的重量，作为对数刻度。

欧洲所有的小麦价格都处于图中带状区，各个时间点的最高价代表带状区的上端，最低价代表带状区的下端。这是一张堪比欧洲经济心电图的图表。详细内容可参考《岩波讲座世界历史》第 16 卷（1999 年）的“近世欧洲”部分，结论是这样的：

第一点是带状区的形状，因为是对数图，我们可以看到从中世末期到近世末期形成“欧洲市场”的 300 年间，变化是很明显的。在 15 世纪，各地的粮价参差不齐，最高值（约 40 克）和最低值（5—6 克）之间相差 6—8 倍。到 16 世纪，由于全欧的通货膨胀（价格革命）加剧，整体价格暴涨了 3—4 倍。虽说如此，1600 年的最高值 143 克和最低值 20 克之间的差距仍约为 7 倍。尽管出现了通货膨胀，但带状区的宽度并没有改变。到 17 世纪，最高值稍有下降，最低值出现上升，进入 18 世纪以后价差急速收缩。1750 年的最高值 75 克和最低值 38 克之差为 1.97 倍。

价格差不到两倍意味着伴随交通和商业的发达，商品价格开始平准化，这是欧洲全境开始作为一个市场圈发挥商业作用的征兆。从整体上看，价格分布带的形状，左侧像是马肩到头部，横着的部分则像是马的脸部到鼻尖侧面。

第二点与“17 世纪的危机”有关。图 6-2 中 1590 年前后两个马耳朵一样的小凸起，正是欧洲小麦价格的顶点。此后在 17 世纪到 18 世纪前期，小麦价格开始从最高值平缓下降。如果以最低值进行比较，16 世纪末增长出现了停滞，18 世纪以后则再次朝鼻尖上升。我们可以很清晰地看到，从 16 世纪的全欧通货膨胀到 18 世纪形成一个市场圈之间隔了两个世纪。17 世纪时，正是某种因素的出现导致了变化的发生，这是走出危机的决定性的转捩点。

宏观经济体系中的英国

第三点是区域形势的分化。带状区虽然在中世纪末已处于很高的位置，但地中海区域自 17 世纪起一直处于相对低迷的状态。与其相反，法国北部、尼德兰和英格兰各城市自 17 世纪开始从最低位置触底反弹，说明欧洲商业的中心已经从地中海向西北欧北渐，这就是所谓的“商业革命”。

与地中海和西北欧的价格线毫无交叉，价格浮动几乎不存在关联的是华沙等波罗的海南岸地区，这个地区的谷物价格一直是欧洲最低的。不过即便如此，从 16 世纪中期起，该地粮价也明显上升，直到 18 世纪前期全欧谷价出现了普涨。普鲁士和波兰的农场领主开始面向西北欧生产谷物，并购买西北欧的纺织品、工艺奢侈品、图书等商品，从而相应出现了伊斯特兰德公司等商贸企业。这一以西北欧为中心出现的宏观经济体系整合态势，集中体现在这个地区的谷价上升趋势上，而英国在 18 世纪位于这个体系的顶点。藤濑浩司提出的“资本主义的世界体制”和伊曼纽尔·沃勒斯坦提出的“现代世界体系”业已形成。

第四点是关于通史中提到的农业革命问题。17 世纪末至 18 世纪，随着荷兰、法国、英国的水利和农业改良，农业生产力提高，农工分离，使城市化成为可能。但根本原因在于，西北欧为满足粮食需求，出于性价比开始从波罗的海南岸进口廉价小麦，而价格低廉的进口小麦正是迫使西北欧农业不断改良的主因。可以说，没有波罗的海的小麦，就没有农业革命。

17 世纪的转型

人口不但是受气候、疫病、卫生、家庭制度、性文化所影响的社会现象，也是规制社会经济的重要因素。而谷物价格不但受天气、疫病、农耕技术、商业习惯、交通等供给因素影响，也是由人口、社会分工以及饮食文化等需求因素综合决定的。正因为具有这样的指标性意义，谷物价格才显得极为重要。虽然欧洲在16世纪出现了人口和粮食价格的同步增长和17世纪的分别停滞，但由于各地的表现不同，粮食价格的波动水平也存在分歧。其中英国在共和制到斯图亚特王朝复辟，再到光荣革命的时代，人口数量和谷物价格都出现了大转型性质的变化。

在这种社会经济转型的局面下，英国人经过反复试错，终于摸索出1689年的光荣革命体制。在路易十四统治的欧洲政治竞技场中，英国选择了与查理二世、詹姆斯二世持不同宗教及内外体制的国家，即与新教荷兰成为同盟。并在光荣革命之后，继续赌上身家投入“对路易十四的战争”，从而也为英国革命画上了休止符（revolution settlement）。

我们可以后知后觉地将这一历史进程概括为，在17世纪欧洲经济结构最终定型的关口，由于光荣革命，欧洲的商业霸权、人才和技术全部实现了从霸主荷兰（以及胡格诺法国）到新教英国的软着陆。

漫长的18世纪

近年来，有学者将17世纪末到19世纪初这一时间段称为“漫长的18世纪”。在此期间，英国的社会秩序和政治文化完全被王位继承的向背、战争和财政以及议会政治和教会问题占据了。我们将在第 2 节叙述这些民族国家的侧面问题。然而，18 世纪是启蒙和商业社会以及科学发现开启全球化的时代，英国和法国是这一历史进程的主要策源地，我们将在第 3 节叙述相关内容。漫长的 18 世纪还包括不列颠诸岛和殖民地的国制问题以及工业革命，这些内容我们放在第 7 讲再叙。

❷ 新教联合王国的政治文化

詹姆斯党带来的问题

王位继承永远是首要问题。1701 年，詹姆斯二世在流亡地法国去世，路易十四宣布由其长子詹姆斯·爱德华·斯图亚特即位为“詹姆斯三世”。英国王位继承问题被再度挑起，时值西班牙王位继承战争（1701—1713）再开，英法在大陆和海洋上进入了全面战争状态。

流亡的王位僭称者与他的支持者詹姆斯党（Jacobite，雅各比派）带来的问题主要在于三个方面：继承英国王位的合法性、对法国和罗马教廷的关系以及如何修复与斯图亚特家祖地苏格兰（高地地区）之间的关系。围绕这些悬案，棘手的问题层出不穷。

原本英吉利三王国和荷兰的联合，应随威廉三世的去世而在 1702 年解除，但是因为刻不容缓的国际形势，议会预先根据威廉死前一年确定的《王位继承法》，确认下一任君主安妮女王（1702—1714 在位）的继承者必须是新教徒，这就基本框定了詹姆斯一世的外孙女、汉诺威选帝侯的王后索菲亚或其直系亲属。为了排除流亡的天主教宫廷，保护光荣革命体制，比起血缘的远近，贤人会议即议会的决定成为英国遴选国王的优先考量。

作为应对苏格兰詹姆斯党的对策，1707 年，英格兰获取了苏格兰王国的主权，合并为大不列颠联合王国，并将爱丁堡的宫廷以及议会撤销。但当时苏格兰的司法制度及长老会仍然被保留了下来，因此合并后成立的是“一君一议会二宪法二教会”的新教联邦国家。

1714 年，根据《王位继承法》的规定，汉诺威选帝侯（索菲亚的长子）格奥尔格·路德维希即位为乔治一世（1714—1727 在位），开启了汉诺威王朝。这是继合并苏格兰后，为应对詹姆斯党问题所构筑的砾岩

图 6-3　庆祝 1714 年乔治一世即位的徽章。汉诺威选帝侯格奥尔格作为乔治一世即位，构筑了北海新教轴心，左下方出现了其假想敌的首都巴黎。

般的强力新教同盟。乔治一世是怀着“第二次光荣革命”的预期，带着当初威廉三世一样的气概来到伦敦的。以军人君主乔治的即位为背景，在庆祝北海新教轴心重新确立的徽章（图 6–3）上，出现了后腿立足汉诺威，跨过荷兰，前腿着蹄伦敦的骏马。

第二次百年战争与财政—军事国家

光荣革命暨反路易十四战线成立后，英国和法国之间围绕王位继承、海外领土、通商、美国独立、法国革命以及拿破仑帝国的战争，如同中世纪的百年战争一直间歇性地持续着，因此这一时期也被称为“第二次百年战争”（1689—1815）。

这是决定英国政治的第二个重要因素，它的战场与中世纪的百年战争不同，从欧罗巴大陆和地中海扩展到美洲、大西洋和南亚，甚至波及日本长崎。随着英法竞争显现在地球上所有的重要地区，世界近代史拉开了帷幕。

从 1698 年开始，英国议会批准政府在平时（包括战争间歇期）维持常备军。要想在长期的全球战争中坚持下去，支撑军事和外交的后勤、补给、动员、管理体制都是不可或缺的。究其根本，战争就是财政力量、国家财富以及国民共识的竞争。

由于仅靠中世纪以来的关税和临时税难以承担长期战争费用，议会又开列了地租税和窗税等直接税。在加税以外，英国政府还于 1692 年首次发行了国债，并于 1694 年设立了作为承兑银行的英格兰银行，也就是今天的联合王国中央银行。随后，政府又开始对印花和麦芽等特定商品征收消费税。结果，英国成为一个以关税、直接税、消费税和国债为支撑的近代财政国家。所有相关事务全部由议会决定。根据这些特征，P. 奥布赖恩和 J. 布鲁日认为，光荣革命后的英国既不是专制主义的官僚国家，也不是小政府的警察国家，而是“财政—军事国家”。

马克思曾在《资本论》中对所谓“原始积累”的契机进行了批判，揭露其本质是“欧洲各国以地球为战场而进行的商业战争”。他进一步简明地指出：“在英国，这些因素在 17 世纪末系统地综合为殖民制度、国债制度、现代税收制度和保护关税制度。”如果再将议会政治和宗教问题也放进去，就算是对近代英国的完美概括。

议会政治

第三个因素是议会和教会。议会本质上是协商和妥协的竞技场，而英国议会以17世纪的实践经验为基础，已逐步成长为代表全民意志的决策机关。

1689年以后，议会每年召集，不仅对国家制度、税制、外交、预算、决算等重大问题进行审议，也会讨论圈地运动引起的地方请愿、农渔业纾困、特定产业保护规定、矿山道路、运河、城市空间的整顿、公益团体的设立等议题。议员们分成朝野两党，受到地区和利害关系人的游说，根据立法来决定议会的或者说国民的意志。

1750年左右，大不列颠的人口约为740万，议员共有558名，所以算上儿童的话，每名议员对应的人口平均有1.3万人以上。但实际选区内有选举权的选民在十几到几千人不等，因此只要合乎条件，当选议员要比今天容易。名义上，议员都应由选区选举产生，但也有私下操作的情况。青木康就曾在其论著中指出，在实际选举中存在“议员选择选区”的情况。原波兰贵族、在20世纪加入英国国籍的L. 纳米亚最早通过对18世纪议员的逐一调查进行议会史写作实践，旨在“以下议院议员为线索书写英格兰的社会史”。

在18世纪下半叶，英国的人口不到法国的一半，陆军方面法国更是占据压倒性的优势。正如服部春彦所指出的那样，在加勒比（西印度）贸易中，法国明显表现得更好。然而，在漫长的18世纪中，能够解决后勤、财政以及国民共识等难题的国家，才能获得第二次百年战争的最终胜利。在这些方面，英国已经显露出与其他大陆国家不同的面貌。

奥古斯都时期的政治文化

在安妮女王时期，带有宗派性质的辉格党和托利党重新活跃起来。由于1689年的《宽容法案》使非国教新教徒的数量有所增长，为了担任公务员而表面信奉国教会的“时宜地国教尊奉”行为越来越普遍。以“教会党”为名的托利党谴责这是“虚伪的同胞”和“特洛伊木马”对国教会的侵蚀。相反，辉格党将拒绝发誓效忠威廉三世和乔治一世的拒誓派指责为詹姆斯党。

与性格内向的安妮女王不同，乔治一世出身选帝侯，亦是军人，而且喜欢古典主义戏剧，是一位曾赞助伏尔泰、亨德尔、剑桥大学的启蒙君主。伦敦的汉诺威政厅虽然被称为“德国内阁”，但大部分行政官员都是从光荣革命时期开始往来于荷兰海牙的外交官，胡格诺离散民中的让·洛夫顿也是其中之一，而且这里通行的是启蒙欧洲的国际语言法语。1715年路易十四死后，国际政治的紧张局势得以缓和，但由于英国与汉诺威组成了砾岩般的共主邦联，所以从大北方战争到1837年，英国对欧洲大陆的政治、军事始终保持着超然态度。

议会的两个党派与国教会中的低教会派（Low Church）和高教会派（High Church）重叠在一起，导致政治和文化也出现了两极态势。18 世纪的辉格党和低教会派，如迪福、阿迪森、斯蒂尔、沃勒博尔等人，站在国家理性、经济合理主义的立场上，相对于宗教仪式更重视《圣经》。在这一群体中，相继出现了非国教徒的议员和伦敦市长。与之相对，托利党人和高教会派以博林布鲁克、波普、斯威夫特、霍加斯等人最为著名，他们重视教会和宗教的权威，反对非国教徒以及有机体似的国家秩序，“地方”立场鲜明。从 1714 年到爆发七年战争（1756—1763）时，辉格党是执政党，托利党是在野党。

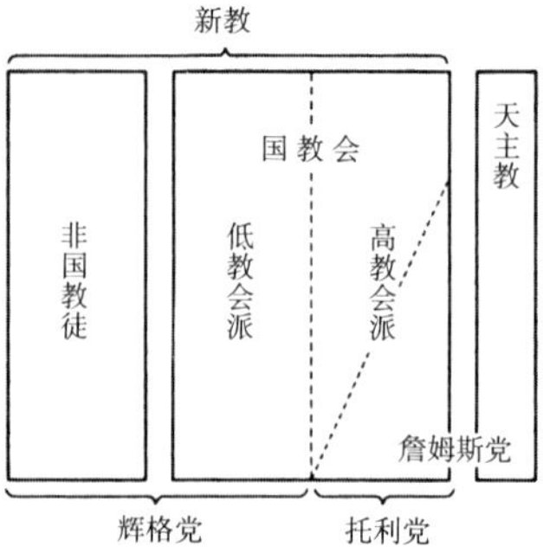

图 6-4　议会和教会的两极化。虽然同属新教，但教会分为高教会派和低教会派（含非国教徒），议会分为相互对立的托利党和辉格党，这是奥古斯都时代政治文化的基本特征。

这种两极态势构成了 18 世纪政治文化的基本格局，是英国文学古典文艺全盛期（奥古斯都时期）的执拗低音。英国文学学者夏目金之助的专长便是莎士比亚和奥古斯都时期的文学。

在这样的政治文化中，

支持《宽容法案》体制的民间团体被称为“基督教知识普及协会”（SPCK，1698 年创立），他们在出版社、慈善学校、劳教所的设立等方面表现积极。致力于“生活习惯改革”的清教徒运动也由此扩散到了中产阶层。另外，国教会的主教们也设立了“福音传道协会”（SPG，1701 年创立），这个组织致力于在美洲和西印度等殖民地传教。

传教热情更高的是卫斯理兄弟及其创建的卫理公会。这个教派产生于国教会的高教会派，起初主要在北美洲的佐治亚地区活动，也热心于向遭遇不幸的民众甚至罪犯传教，不久便成为 19 世纪非国教会的最强宗派。

辉格党政权与“反体制”群众

1720 年，南海公司的投机泡沫破灭后，开始了罗伯特·沃波尔（首相，1721—1742 在职）的长期执政。他以健全财政与和平为目标，甚至与约克大主教谋划，与颇得路易十五（1715—1774 在位）信任的弗勒里红衣主教联合，共同探寻在脱离罗马教廷的前提下英法国教会联手的可能性。沃波尔执政时期，第二次百年战争的紧张状态得到了一定缓和。

对此，托利党和詹姆斯党对倾向于辉格党的乔治一世，以“国王不知道我们的国语和国家制度”为由进行非难。他们还指责沃波尔政权是被金钱权力腐败的“知更鸟的权力”[1]，揶揄辉格党地主贵族的统治是“威尼斯做派的寡头制”。虽然这些嘲讽在某种程度上是正确的，不过由于被他们置于对立面（或作为靶子）的“爱国国王”形象过于内敛，因此在大格局业已确立的政治游戏中也只能作为“万年在野党”，像野狗远吠一样安于远观。

积蓄不满许久的群众也明白违背政治游戏规则的后果，他们采取了具有象征性的“反体制”行动。拙著《民众道德》曾述及，在1715年5月29日“王朝复辟纪念日”，各地均有穿着橡树枝叶的詹姆斯党，举着祝贺火把烧毁非国教徒礼拜堂的事件。辉格党政府就此制定了取缔民众暴力行动的《取缔骚乱法》，汉诺威王朝即第二次光荣革命体制得以坚持。特别是该法规定，除对破坏非国教礼拜堂者处以极刑外，还将由国库赔偿被害者损失。《宽容法案》（1689）、《王位继承法》（1701）和《取缔骚乱法》（1715）是一组连续的法案。20世纪的历史学家E.P. 汤普森曾将这种民众和地主贵族的关系描述为磁力变化的“磁场”。

在苏格兰，1725年在格拉斯哥发生了反对麦芽税的骚

1　Robin（知更鸟）是Robert（罗伯特）的昵称。

乱。1736年在爱丁堡，对处决走私犯不满的群众又与警备队发生了冲突，警备队队长波蒂厄斯被民众私刑处死。此类事件接连不断，无不是“民众道德”的体现。同时这些也都是合并苏格兰之后衍生出来的，与构建财政—军事国家的根基相关的事件。辉格党政权虽然致力于此，却给苏格兰方面，特别是相关司法者留下了疙瘩。

詹姆斯党叛乱的败北

1715年“老僭王”接受“詹姆斯三世”的称号，以及1745年“小僭王”获得“红脸查理王子”的称号后，詹姆斯党叛军都曾试图从苏格兰高地地区出发，南下进攻英格兰。1715年的情况是，随着西班牙王位继承战争的结束和不久后路易十四的去世，詹姆斯党在英格兰各地制造的街头暴动亦随之平息，只剩下庆祝活动。1745年的情况是，没有政治判断力的“查理王子”只是一时充当了奥地利王位继承战争中大国博弈的棋子。

这两次事件共同构成了不列颠史上“最后的叛乱”，结果只是在斯图亚特家祖地高地地区中的苏格兰氏族中增加了一些拒誓派，其实是毫无胜算的。而常年在野的托利党，实际上也是国教会的中道路线、两党政治游戏、英国文艺全盛期和商业社会的受益者。如果他们不了解近代史上詹姆斯党的冥顽不灵，或“血腥玛丽”再现及其引发内战的可能，就不可能到现在仍掌握着这个国家的命运。最终，詹姆斯党军被英格兰托利党和高教会派所抛弃，他们仓皇逃到苏格兰后一败涂地。

让我们再回顾一下王位继承的三大要件。

1714 年的乔治一世：第一，论血统距离，乔治一世可能比“老僭王”远，但仍是正统；第二，议会已经通过《权利法案》和《王位继承法》，规定王位由信奉新教的汉诺威家族继承；第三，上帝或者说教会的庇佑已经倾注于新教君主。

1715 年的“詹姆斯三世”和 1745 年的“查理王子”：第一，血缘更近；第二，被法律否定了王位继承权；第三，由于是天主教徒，所以没有得到上帝或者说教会的庇佑。

③ 启蒙、商业社会、伦理哲学

启蒙的公共性

在漫长的 18 世纪中，作为政治秩序和文化的大前提，与上述推动民族国家形成条件同时出现的，还有全欧范围的启蒙、商业社会和学术知识。

“启蒙”的英文是“enlightenment”，意思是被理性之光照亮而获得光明。单纯从一种思想或主义的角度来看，其更接近于“文明开化”在日语中的原意。由于大航海、人文主义和科学革命扩大了人们想要理解世界上一切事物的野心，因此启蒙在当时既是尖端综合科学，也是批判旧态的政策学。在“启蒙的世纪”里，人们聚会、通信、互读论文、在社交中切磋观点。知识精英有了跨越国界的事业，当时出现了“文艺共和国”（republic of letters）的说法，这个共和国指的是一个没有国境线的公共文化圈。

早在17世纪中期，在伦敦和牛津，化学家玻意耳、天文学家雷恩、几何学家霍克等就经常聚集在一起，讨论血液循环、昆虫、物理、化学和天文学。后来“快乐君主”查理二世赞助了这个团体，定名为“皇家学会”。该会从1665年发行《学术纪要》开始，逐渐发展为“无形的大学”。即使身在远方，只要阅读《学术纪要》，对谁做了什么实验，或者学术界有什么议题都能有所了解。依靠刊号，无论多少年以后都可以对内容进行批评或修正。《学术纪要》使皇家学会具备了近代性的——公开的、批判性的学术和科学活动的必要条件。

1673年，剑桥大学的天才数学教授艾萨克·牛顿（1642—1727）在皇家学会发表了关于棱镜的光学研究报告。在这份报告中，牛顿先以观察和实验获取研究现象，再以物理学和数学进行说明的方法，是启蒙精神的最早体现。牛顿后来担任过皇家学会的会长、国会议员、造币局局长，同时也虔信《圣经》中的每一个字，毕生钻研炼金术，是最后一个属于文艺复兴时期的人（章首图）。

1666年的大火虽然烧毁了伦敦市，但也是化祸为福的好机会。这时，年仅34岁的克里斯托弗·雷恩（1632—1723）提出了一项由整洁的道路和美丽的广场组成的新城区重建计划。虽然其中实现的只有圣保罗大教堂及各教区教会的重建方案，但雷恩花了 35 年时间设计和建造的穹顶高达 116 米的大教堂，成为奥古斯都时期科学、宗教和审美的象征。

以大火为契机，中世纪以来的复杂狭小的教区被重新整理，为此雷恩和他的委员会重建了 51 个崭新的教区教堂。高 61 米的大火纪念塔，也在他的设计下在起火地点附近建立起来。由此，启蒙者雷恩被镌刻在了伦敦的市景中。

乔治亚式都市景观

继雷恩之后，民间也开始自发采用砖和石头等耐火材料对首都进行重建。正如建筑史学家 E. 迈克勒所言，不断竣工的从材料、设计到施工方法全部标准化的中层建筑，构成了伦敦匀称规整的街道。建满这种被称为乔治亚风格（准确地说是 1714—1830）建筑的伦敦，自此以后再没发生过大火。以光荣革命、《宽容法案》和商业社会吸引人才的伦敦，在 18 世纪初人口为 60 万，18 世纪中叶为 70 万，1801 年则达到 96 万。伦敦已成为胡格诺教堂、路德派教堂、犹太教堂、天主教礼拜堂等并立的国际都市。

1758—1762 年，伦敦七座巴洛克风格的老城门因妨碍交通被撤去，伦敦桥的商用货场也被拆除。在此前后，威斯敏斯特桥等老建筑也被以古典样式翻新，其中萨默塞特宫被改建得颇为壮丽，整个伦敦拥有足以启蒙 J.C. 巴赫和少年莫扎特的城市景观。卡纳莱托曾经以美丽的笔触描绘过二人途经这个城市的景象，洛克的地图上对此也有着详细的记录。

18 世纪在不列颠诸岛上重建的不仅仅是伦敦，还有“另一个首都”都柏林的议事堂等公共建筑、爱丁堡的卫星城、复兴的仿罗马温泉城市巴斯，等等。美丽而匀称的建筑和街道，如同历史学家所说的“城市的复兴”，被记录在当时流行的铜版画上。随后，美洲殖民地上的波士顿和费城的城市面貌也随之一新。

当时，曼彻斯特的“文艺哲学协会”、伯明翰的“月光社”和费城的“阿卡德米”（学园）等，都是地方名族和布尔乔亚（资产阶级）聚会的场所。与皇家学会相比，虽然学术性差一些，但却是一种超越宗派和政党的社交活动。说到社交，就不得不提及秘密结社共济会，这个组织在皇家学会中有很深的基础。1717 年，共济会在伦敦设立了总部，此后作为国际性结社将启蒙思想扩散到了世界各地。

商业出版和近代英语

这一时期，报纸新闻的商品价值大大增加。1695 年《审查法》失效后，隔日（每周三次）刊行的报纸数量剧增，1702 年发行了最早的日报《每日新闻》。地方城市也开始发行报纸，报道伦敦和海外的战争、商业、政治、图书资讯以及丑闻。1731 年综合月刊杂志《绅士杂志》开始出版，其竞争对手《伦敦杂志》也于翌年出版，全国各地订购杂志的读者都可以享受邮寄配送的服务。

即使不自己购买出版物，也可以轮流传阅。咖啡馆、小酒馆、旅舍里都放置了读物供顾客阅读，甚至还可以听朗读。会员制的图书室也始于 1726 年。哈贝马斯指出，报纸杂志和咖啡馆是架起所谓“市民公共性的车辆”的两个轮子。当时所谓“市民的公共性”首先是围绕商业、政治以及文艺展开的。虽然没有了审查，但仍然存在诽谤中伤罪，因此就像 J. 布鲁尔在《丑闻与公共圈》中描述的那样，用高超的象征性手法描写名人男女的丑闻来吸引读者的报道非常多见。这一时期不仅杂志《观众》、小说《帕梅拉》远销欧洲，欧洲学术界也出现了伏尔泰的《哲学通信》、莎士比亚评以及孟德斯鸠的“英国论”等有关英国的研究，“英吉利文本”（Anglofile）着实影响了欧洲大陆的文人。

松浦高岭将这种“civil society”译为“民间公共社会”。

这一时期的英语虽然与“近世英语”并没有本质上的不同，但由于商业出版的新闻杂志以及论争和读物在数量上的爆发，我们现在所熟知的正字法和文体越来越普及，现代英语（Modern English）业已形成。另外，必须提及的还有英语词典，塞缪尔·约翰逊编辑的《英语词典》（1755 年）出版后，确立了现代词典中单词解释条目应包含语源、典据以及历史用例的编写体例。

百科全书与缪斯之馆（博物馆）

但是，比起伏尔泰或是康德，最能代表启蒙思想的具象物是 1751 年开始在巴黎发行的《百科全书》，以及 1759 年在伦敦开馆的英国博物馆。

百科事典的功能是“对知识的来龙去脉进行总结和说明”。1728 年，钱伯斯的两卷本《百科事典——有关艺术与科学的通用事典》[1] 在伦敦出版，这是最早的英文百科全书。受此刺激，巴黎的出版商计划推出法文版，在狄德罗和达朗贝尔对该书进行全面修订和增补之后，于 1751 年出版了第

1　国内一般译为《钱伯斯百科全书》。——译者注

一卷，书名为《百科全书——合理说明科学、文艺、职业的辞典》，在当时引起了巨大反响。

此后出版的《百科全书》，内容得到了空前充实，加上图版、补遗，共计 35 卷（1780 年完结）。在第一卷的长篇序文中，狄德罗等人在流露自负的同时，也对先贤不吝溢美之词，其中提及法国的笛卡尔自不待言，除此以外，还花了数页篇幅赞颂英国经验主义学者培根和牛顿、洛克的功绩。《百科全书》不仅是法国的启蒙出版物，也是近世欧洲才智和技能的精华，更是 18 世纪英国和法国在竞争性交流的基础上，关于前沿知识的集大成之作。鉴于《百科全书》的成功，《不列颠百科全书》也得以从 1768 年开始在爱丁堡分册出版。

从 17 世纪末起，牛津大学的阿什莫林馆等学术机关，开始尝试在收集文化遗产和动植物标本并进行研究的同时，转型为允许市民参观的公共博物馆。但真正的博物馆还要从英国博物馆（British Museum）算起。当时三位收藏家在去世后留下了庞大的文献、图书和博物收藏品，英国国会遂于 1753 年立法决定由国家拨款成立公共博物馆，即英国博物馆，于 1759 年开馆。博物馆是掌管学问、艺术、诗歌的缪斯女神的居所，是资料馆、美术馆、图书馆、档案馆、剧场，也是世界前沿知识的综合展示场。

这些都是康德所说的启蒙，即“理性的公共运用”的具体化。

私恶即公益

在18世纪初的伦敦，与冒险商人夏尔丹、音乐家亨德尔、启蒙思想家伏尔泰呼吸着同样空气的，还有来自荷兰的医生伯纳德·曼德维尔。

根据曼德维尔的《蜜蜂的寓言——私恶即公益》（1714—1723）中的观点，只有私利私欲，虚荣心、过度奢侈这种私人的“恶德”，才能唤起消费和需求，增加就业机会，激活社会，最终带来“公益”。如果世间尽是既无利己心也无骄奢淫逸之举的所谓好人，那么社会就会枯萎和衰退。

倡导上帝的秩序和爱的神职人员和教师们，对这种毫无道理的“市场逻辑”感到震惊，并纷纷加以谴责。继马基雅维利之后，曼德维尔这样赤裸裸揭露真理的行为，虽然被认为过于露骨，但实际上其理论恰为联结霍布斯和亚当·斯密的纽带。他本人也成为揭示炫耀式消费的凡勃仑，以及倡导有效需求的凯恩斯的早期先驱。在此之后，私恶与公益的辩证关系便成为社会哲学中不可避免的论题。

伦理学与民众道德

亚当·斯密（1723—1790）生活在詹姆斯党复辟失败后的苏格兰。他与休谟成为知己，在大学任教，从人的情感和共情现象，到商业及文明演进，再到文学、美学、逻辑学、法学无所不讲，并在法国结交了伏尔泰、加涅和杜尔哥。其《道德情感论》（1759）和政策批判，是站在高地人（highlander）的对立面，追求“文艺共和国”普适性的超国家行为。

斯密在《国富论》（1776）中，对英国和法国的谷物业、消费者的保护限制以及由此反复引发的民众冲突进行了论述。在他看来，“禁止抢购令”这样的“政治介入”和恩情主义，甚至迎合“民众道德”和民众的“自行执法”正是问题所在。“政府屈服于人民的偏见，为了社会的安定，不得不设计人民同意的制度”，但这些出于善意的保护规则，却造成了长期事态的恶化。对“看不见的手”的自由放任，才是终极的解决之道。

马克思和小林升都指出，此时的斯密已经完全无视同时期詹姆斯·斯图亚特在其《政治经济学原理研究》（1767）中所提出的公益、规则和政治。虽然同为苏格兰人，斯密厌恶詹姆斯党，推崇理性和普适性的社会哲学。而对英格兰普通法融会贯通的曼斯菲尔德男爵（王座法院首席法官，1756—1788 在职）同样也是出身于苏格兰的英才。

从 18 世纪 80 年代以后的大约 100 年间，引领近代英国思想的是苏格兰的启蒙理性、边沁等人的布尔乔亚合理主义以及新教福音传道主义。有关综合了这三大要素的政治家将在第 8 讲进行介绍。

夸张的消费与贸易赤字

18 世纪中期的铜版画《法国商船》，描绘了在伦敦港登陆的法国人以及法国商品。在相互拥抱着的法兰西装扮的男女面前，有黑人少年因闻到散乱奶酪的味道而捏着鼻子。画面右侧的酒桶上依次有香槟、勃艮第和波尔图字样的烙印。无论是在中世纪的百年战争中，还是在 18 世纪的第二次百年战争中，绅士都离不开葡萄酒。

不仅法国的红酒和时装，从 17 世纪末开始，英国和西北欧相继舶来了砂糖、红茶、丝织品、印染棉布（印花布）、染料、瓷器等富有魅力的商品。在这些商品中，除了丝织品以外都无法在欧洲生产。即便是丝织品，用靛蓝、茜草等亚洲染料染色后也会更加鲜艳。而质地轻薄、带有美丽花纹的印花布也深受富裕阶层的欢迎，甚至出现了“印花布热”。

还有中国、日本的美丽瓷器，也是欧洲同类商品无法竞争的。不论人们是否读过曼德维尔的书，舶来商品的魅力都使炫耀性消费不断扩大。

为了保护国内原有产业等既得权益，政府对这类舶来品的进口进行了多次限制。对于把贸易收支放在第一位的重商主义者来说，这是严重的赤字累积，而对于敬畏上帝的保守派来说，这是难以忍受的轻薄风俗。如果能有相对应的出口品还好，但正如松井透所指出的，直到18世纪，“英国除了毛纺织品以外，没有其他可供出口的商品”。而且在炎热的东西印度，无法洗涤的英国毛纺织品也不是必要的物品。

图6–5 法国商船（版画，1757）。这幅作品描绘了进入伦敦港的人和货物。画面右侧有三只酒桶（香槟、勃艮第和波尔图），正中是奶酪。

面对慢性增加的贸易赤字，英国有三个根本性对策。第一，如果可能，把生产地变成殖民地，或者在殖民地进行生产。因此，如何维持及防御出产砂糖的西印度和出产烟草的弗吉尼亚等殖民地便成为一个重要课题。那么，对于出产红茶、印花布、染料、瓷器的东印度，出产葡萄酒和丝绸的法国等国又该怎么办呢？第二，承认对方国家的主权，缔结条件有利的通商条约。第三，在国内开发代替进口的仿制商品。

在漫长的 18 世纪，也就是第二次百年战争中，英国对所有选项都反复进行了试错。殖民帝国和国体问题、通商条约和工业革命都是努力解决贸易问题的表征。

第7讲

工业革命与近代世界

推进经济和行政改革的政治家皮特（左）。虽然1834年的火灾烧毁了议事堂，但画面中仍保持着议长居中、执政党和在野党相对而坐进行辩论的议会座席结构。

大事年表

1703 年	签订《梅休因条约》
1713 年	签订《乌得勒支和约》，大西洋三角贸易开始增长
1754 年	皇家艺术学会成立
1756 年	七年战争（—1763） ［A］此前一年，法国—印第安战争开始
1757 年	取得普拉西会战的胜利
1760 年	乔治三世（—1820）即位
1763 年	《巴黎条约》（北美领土扩大） 伦敦威尔克斯事件（—1774）
1765 年	［A］北美反印花税运动
1770 年	诺斯就任首相（—1782）
1771 年	卡特莱特开办水力纺织工厂
1773 年	［A］波士顿倾茶事件；制定《东印度公司规制法》
1775 年	［A］北美 13 个殖民地发动独立战争（—1783）
1776 年	［A］独立宣言；亚当·斯密的《国富论》出版；托马斯·潘恩的《常识》出版；边沁的《政府片论》出版
1778 年	科布鲁克代尔铁桥始建
1780 年	GDP 年增长率超过 1%（工业革命开始）
1782 年	［I］格兰登议会
1783 年	签订《巴黎条约》（承认美利坚合众国独立） 皮特就任首相（—1801，1804—1806）

续表

1784 年	瓦特申请复动旋转式蒸汽机的专利
1786 年	英法通商条约（《伊甸条约》）缔结
1789 年	曼彻斯特出现蒸汽动力纺织工厂；法国大革命（—1799）；华盛顿就任总统
1791 年	［I］爱尔兰人联合会叛乱
1793 年	组成反法同盟参战（战争间或持续至 1815 年）
1799 年	内森·罗斯柴尔德来到曼彻斯特（1804 年移居伦敦）
1800 年	根据《爱尔兰联合法案》，翌年成立联合王国
1802 年/1803 年	英国棉制品出口量居世界第一位
1808 年	长崎费顿号事件（1813 年，日本开始进口“本国更纱”）
1814 年	维也纳会议（—1815）召开，处理拿破仑战败后的欧洲政治问题
1825 年	空前的繁荣，铁路开通，年末出现最初的经济危机 日本颁布《异国船驱逐令》

❶ 帝国与联合王国的形式

“邦”体制

从认同与秩序的视角来看，18世纪的英国持续不断地发生了许多重大事件。包括1707年合并苏格兰，1714年与汉诺威公国的“同君联合”，18世纪50年代开始出现的印度问题，60年代的北美“13个殖民地”问题，1780年前后的爱尔兰问题，1789/1792年的法国问题。这些问题并不是各自分散孤立存在的，而是与第二次百年战争中的国家形态问题相互联系在一起的。

其中，合并苏格兰同17世纪的资产阶级革命与詹姆斯党问题，以及汉诺威王位继承之间的关联已在前文述及。如果说不列颠群岛那砾岩般的秩序和主权，一直在欧洲政治中具有某种磁性的话，那么磁场已经开始向大西洋方向的世界扩张。北美“13 个殖民地”、苏格兰、爱尔兰、威尔士这些地区，乃至英格兰，与王权之间以怎样的关系来维系呢？正如本人编著的合作研究成果《漫长的英国 18 世纪——及其政治社会》所示，上述各地都开列了可能的选项清单，再加上新并入的东西印度，这一问题也随之扩展到了全球。

虽然北美最初的英国殖民地是纽芬兰，但受到王权支持的殖民活动却始于 1606 年创立的弗吉尼亚公司。建立弗吉尼亚的詹姆斯镇与向北爱尔兰移民，作为 1607 年开始的新教移民政策的两环，同时受到国王詹姆斯以及伦敦市政府的支持。后世流传的受到专制王权迫害的清教徒，为坚守纯正信仰而冒着生命危险远渡重洋的“清教徒先祖”的故事，则是近代才形成的传说。

到 18 世纪上半叶为止，包括天主教殖民地马里兰、贵格会教徒聚居的宾夕法尼亚等各具特色的 13 个“邦”已经全部建立起来。所谓“邦”（province）虽然是效仿古罗马行省的概念，但在各邦总督和领主之下均有邦议会发挥职能。在国制层面，是近世爱尔兰王国的迷你版。

大西洋三角贸易

西班牙王位继承战争（1701—1713）使英国获得了直布

罗陀等战略要冲地带。而根据 1703 年的《梅休因条约》，英国与葡萄牙结成通商同盟所产生的利益丝毫不亚于这一“战果”。此后，英国又由 1713 年的《乌得勒支和约》获得了向西班牙所属殖民地贩卖非洲奴隶的供应合同。

据金七纪男介绍，《梅休因条约》的权利可以视作 1662 年从卡塔里娜王后获取的葡萄牙婚资的延伸。英国在出口毛织品的同时，得以获取比法国货物价格更低廉的波尔图葡萄酒以及葡属巴西的金矿。而且，根据贩奴供应合同，英国还牢牢掌控了面向南北美洲的奴隶与商品出口。当然英国人自己是绝对不会成为奴隶的，而他们对贩卖非洲奴隶赚钱也没有任何负罪感。

临近西属殖民地及法属殖民地的西印度 / 加勒比海域，是私掠船只（海盗船）非常活跃的地区。这一区域因各种海盗传说而尽人皆知。英国继 17 世纪占据大西洋上的百慕大之后，又相继将加勒比地区的巴巴多斯、牙买加、巴哈马变为殖民地，而这些地方的劳动力也只能依靠输入非洲奴隶来解决。不论是加勒比还是弗吉尼亚，都在英国经济中占有极其重要的地位。具体来讲，首先是甘蔗、烟草、可可、咖啡、大米等农产品，其次是农场主对英国产品的需求，最后是非洲奴隶，三者联结起来便构成了大西洋三角贸易。英国经济因此获得了极大发展。正如 E. 威廉姆斯、川北稔以及

J. 伊尼孔利等学者异口同声指出的，没有大西洋三角贸易，就没有工业革命。

不论是弗吉尼亚的农场主乔治・华盛顿，还是波士顿和费城的企业家本杰明・富兰克林，都是已经移民美洲数代的白人精英，但他们的自我认知仍是英国人。七年战争 / 法国—印第安战争（1755—1763）期间，他们都曾作为忠良的英国臣民参加了战斗。与邻近的原住民、加拿大及路易斯安那州的法国人、墨西哥湾的西班牙人以及黑人奴隶具有不同的意识，是他们身份认同的根本。这种相对他者的自我认识，与在爱尔兰被他者围困的英籍殖民者（Anglo-Irish）很相似。在一首 1704 年的民歌《不列颠尼亚铁则》中，唱到“英国（不列颠）人绝不做奴隶”一句时，作为敌对一方的表达对象是（法国和西班牙的）天主教及其专制制度。

然而七年战争的胜利或许满足了英国人的自尊心，却导致了同盟国的丧失，此外还留下了如何处理战争费用造成的财政赤字的难题。

苏格兰和爱尔兰

1707 年与英格兰合并之后，苏格兰的詹姆斯党与辉格党、高地与低地之间仍然处于对立状态。高地地区的心怀不满的高地氏族从未将视野投向峡谷以外。而在光荣革命以及与英格兰合并的过程中，维持了独立司法与教会的辉格党贵族及知识分子，则在无法掌控高地地区的情况下，积极扮演起政体合并推手的角色。

在“威廉王之战”后的爱尔兰王国，少数派新教徒（盎格鲁—爱尔兰）统治着多数派天主教徒，天主教精英遂逐渐消失匿迹。他们作为爱尔兰离散民移居到了法国西南部地区。据史学家 L. 卡伦考证，轩尼诗及林奇等便属于这批侨民家族之一，他们通过酿造和蒸馏葡萄酒取得了成功。

1782 年，凭借新教徒大地主 H. 格兰登的领导能力，都柏林议会废除了其与伦敦议会的隶属关系，赢得了独立立法权。就在北美新教徒农场主发动的独立战争即将迎来决胜的同时，爱尔兰与之同样，却是在领袖的带领下通过非革命的途径为主权国家铺平了道路。

威尔士则比较可悲，其在三王国战争、共和制时期以及光荣革命中，均未采取独自行动。那里从未有过王国，也没有议会，就连总督和政府机构也没有，其地位处于“邦”以下。教会虽然使用威尔士语，但这也只是英格兰国教会中的从属要素。

殖民精英

不论是格兰登、斯密、潘恩、华盛顿，还是爱尔兰人、苏格兰人、英格兰人、弗吉尼亚人，都自认为是爱国者（patriot），同时也是乔治三世忠良的臣民。而且斯密、潘恩、富兰克林等人相对于自己是哪国人，对启蒙者这样超国家的身份意识要更强些。正如本尼迪克特·安德森在《想象的共同体》一书中所说的，国家身份认同不是帽子，而是像衬衫和上衣那样可以叠穿，并且根据情况不同也能脱掉。

事态急转直下是在七年战争后，英国为了重建财政，陆续抛出印纸税、茶税。美国的“忠良臣民”为了抵抗新税而提出“没有代表就不征税”，这是基于传统国体的主张，谁也无法反驳，具有很强的说服力。

无论是作为苏格兰人的斯密，还是作为爱尔兰人的巴克，都支持美洲殖民地的反抗。他们的态度既是出于启蒙和理性的见识，也是出于属邦精英的气概，怀着想让“自大的英帝国”清醒一下的心情。

我们在第 4 讲中谈到，亨利八世及其忠臣将“imperia”这一形容词用于指代主权 / 命令权范围内的统治（主权国家）。但是，无论是否使用了 imperia 这个词，长腿爱德华和亨利八世都没有把英格兰的主权限于国内，而是将执行范围扩大到邻近地区。到 18 世纪，这个概念已经成为一种问题意识。

1707 年合并前夕，从北美归来的法律专家威廉·阿特伍德出版了一本毫不讳言的小册子，名为《对于苏格兰王国，英格兰的 imperial 王权是优越的》。对此，苏格兰收藏家 J. 安德森在《苏格兰王国是拥有 imperial 的独立国家》一书中进行了反驳。正如哈佛大学的 D. 阿米特吉在其相关文章中的论述，当时 imperial 的含义不只是“主权”，这个词超越了《禁止上诉法》和《至尊法案》中的用法（安德森），已经带有上位支配权的意义（阿特伍德）。

帝国问题与独立宣言

乔治三世（1760—1820 在位）统治的最初十年间政局混乱，首相来回更换了六人，在伦敦发生了由 J. 韦尔库斯煽动的选民反政府运动，在北美则爆发了难以遏止的抗税运动。在北大西洋的两岸，“自由之子”和自称爱国者的男人们为了反对专制纷纷加入了示威游行的队伍。原本能力卓著的首相诺斯（1770—1782 在职）对这种局势也束手无策。1776 年的《独立宣言》更是声讨了国王的“绝对的专制”和“绝对的暴政”，要求实现造物主授予的天赋权利。

《独立宣言》不是政治思想史的学生作文，它是已经启蒙的美国人对自身叛乱正当性的宣言，也是向启蒙欧洲呼吁的政治文件。所以给“专制”和“暴政”冠以“绝对的”这样的形容词几乎就如枕词[1]一样毫无意义。今天的历史学家如果就此提出批评的话，作为起草者的杰弗逊等人估计也很难应对吧。假如换成1707年的苏格兰人或者1857年的印度人，就不会在宣言中使用“绝对的”，而代之以“imperial”做形容词。因为本来乔治三世和诺斯内阁就不是“绝对专制”的，只不过是立宪砾岩君主（及其政府）带有自大的“帝国意识”而已。殖民地的精英们却仍然满腔愤怒地对这种政治形式，反复加之以“绝对的专制”和“绝对的暴政”这样的修辞。

第二次百年战争后期的英国殖民主义，惹怒了旧的受益者，即那些启蒙的北美殖民者。法国为报七年战争之仇支援北美叛军，西班牙和俄罗斯也紧随其后，从而使在国际上被孤立的英国陷入败北之境。然而，北美独立战争马上就给战败国英国和战胜国法国双方都带来了严重的后果。

1　日本和歌中冠在某词前，用以修饰该词或调整语调的词，没有实际意义。

英法的分歧

1776 年是重要的出版年，不仅有《国富论》和美国《独立宣言》，托马斯·潘恩的《常识》、杰里米·边沁的《政府片论》也相继面世。启蒙的精华《百科全书》补遗卷以及爱德华·吉本的《罗马帝国衰亡史》第一卷也于是年发行。无论是首相皮特，还是财政总监雅克·内克尔，都是基于《国富论》和《罗马帝国衰亡史》的理念制定政策的。

1786 年，英法缔结通商条约（《伊甸条约》），英国不但由此可以获得廉价的红葡萄酒，而且确保了工业品在法国国内的销路。法国虽然确保了葡萄酒的主要销路，但给落后一步的国内棉花工业带来了打击。虽然英法两国的经济并不只靠一个条约就能决定各自的命运，但在 18 世纪 80 年代后期，两国却出现了决定性的分歧。英国皮特内阁（1783—1801、1804—1806，章首图）发起的“经济和行政改革”收到了成效，法国的财政改革方案却因“贵族的反动”而受挫，走向了崩溃的深渊。

结果，1789 年 5 月，第一座应用蒸汽机的棉纺织厂在曼彻斯特启动；在凡尔赛，时隔 175 年再次召开的全国三级会议导致了法国大革命的爆发。恰好在同一时间，美国召开了联邦议会，华盛顿就任首任总统。在启蒙终点的近代，三国同时走上了各自的道路。

巡礼帝国的精英

英国在美洲殖民活动虽然已经以移民经营农场为主，但在亚洲仍然只是作为转手商人停留在进军当地商业的阶段。转机出现在七年战争期间，罗伯特·克莱武极为幸运地在1757年的普拉西会战中获胜，此后东印度公司得以在孟加拉行使行政权力。从印度大发横财回到英国的人因遭到嫉妒被称为“富豪”（nabob），“富豪”在1774年的议会（总数558人）中有14人，1784年有33人。以责难“富豪”的社会舆论为背景，议会从1773年开始多次针对东印度公司作为商业法人插手殖民地统治，与当地利益集团勾结的现状讨论限制法案。曾任孟加拉总督的克莱武和黑斯廷斯都被议会传唤，追究其责任。

英国虽然于1768年设立了殖民地事务大臣，却并没有在整个帝国内实施全局性的统一政策。但由于军事上的需要，人才会被调配到世界各地。例如，北美英军司令查尔斯·康沃利斯，1781年在约克城之战中投降，1786—1793年转任孟加拉总督指挥迈索尔战争。1798年他受命担任爱尔兰总督，镇压了革命化的爱尔兰人联合会叛乱，并于

1800 年成为《联合法案》的实施责任人。1802 年，康沃利斯又担任了《亚眠和约》的谈判要员，并于 1805 年再次赴任孟加拉后去世。

像康沃利斯这样时而担任将军时而担任总督，跨越整个帝国“巡礼”的高级公务员任用形式，在其身后也有韦尔斯利（威灵顿）兄弟等诸多沿袭之例。在本尼迪克特·安德森的《想象的共同体》中，一个帝国的世俗巡礼要遍及七海。

❷ 疾驰而至的工业革命

如何看待工业革命

“工业革命”这个词，是19世纪由路易·布朗基、弗里德里希·恩格斯、阿诺德·汤因比等人，结合机械工厂和蒸汽动力的出现，以及相关的煤烟、贫富差距及经济状况变动等近代社会问题开始使用的。

如果给工业革命下一个定义的话，可以说这是（作为某种结果）始于18世纪下半叶的生产力革新及其所带来的世界经济的重组。人类在充分开发和利用了人力、家畜力、水力之后，又进一步将蒸汽机实用化，开始应用于工厂生产。而向以生产为目的的固定资本不断投资的行为，确立了无限扩大的产业资本主义。另外，为了寻找矿石和黏土挖掘地表，人类开始大规模消耗煤、泥化石燃料，使排放到大气中的二氧化碳大幅增加。一切都是为了赚取金钱和便利性。也就是说，就产业资本主义体系的成立和自然环境的改变这两点来看，工业革命无疑是人类历史上划时代的事件，可以与“新石器革命”相提并论。

然而，并不矛盾的是，工业革命解决了此前我们在第6讲中所谈到的英国多年以来的贸易赤字问题，它是科学革命、启蒙、消费社会的产物，也是代替舶来品的仿制商品的胜利。可以说这是政治经济学对社会哲学议题的一个解答。在世界史中，它是亚洲与欧洲关系的一个分歧点和逆转点，也是诸如国民经济之间的竞争、国家与民族的统治与抵抗等近代历史问题群的开端。

关于工业革命，多年来被传扬的都是纽科门和瓦特的蒸汽机、珍妮纺纱机、卡特莱特动力织布机等一系列的发明和改良。但是，发明家果真只是出于进取的想法就开发新技术，胡乱制造新产品，增加库存吗？实际上需求是发明之母，没有母亲就没有孩子。正因为有需求，才促使发明家不断改良，且没有被堆积如山的库存压垮。我们在第6讲所看到的英国18世纪的商业文明，旺盛的需求和持续的贸易赤字，才是发明之母。18世纪开始的人口增长也成为原因之一。因此不能再只从生产力和供给角度来解释历史。

奢侈品的替代生产

服装虽然是仅次于粮食的生活必需品，但也是具有文化象征性的奢侈品，所以成了基本产业。英国对印度印花棉布有很强的需求，这引出了若干问题。第一，对毛纺织品和亚麻织品等传统服装产业的既得权益的威胁。第二，如果亚洲的人气商品不断涌入，而英国除了毛织品之外没有其他出口商品，贸易赤字就会单方面地渐进增大。另外，染料、瓷器等舶来品也存在同样的问题，因此有必要制定根本性对策。

令 18 世纪英国的政府和民间围绕纺纱、织布、染料、设计一齐为之努力奋进的原因就在于，专利、立法、金融和司法系统为企业家提供了有力的支撑。而 1754 年创立于伦敦的皇家艺术学会（Royal Society of Arts），则为当时已经与文艺和农业并列的制造业、机械、化学（染色、矿物）、殖民地贸易等六个领域，公开招募技术开发项目，并协助其孵化。

兰开夏棉业的发展

近世史学家深泽克己在《商人与印花布》中指出，18 世纪欧洲大陆曾尝试使用进口印度白线布用于印染业。

但是，英国在此基础上还尝试了自产仿制棉布，在兰卡夏郡的曼彻斯特郊外，生产出了以亚麻为经线、棉花为纬线的混纺品。这种松软的混纺棉布被称为棉麻布或灯芯绒，染色也很粗糙，根本无法与印度货抗衡。这样的产品在国内和欧洲都卖不出去，所以只能作为大西洋多边贸易的一环，从利物浦港出口到非洲、加勒比和巴西。所幸毛纺织业行会把这样的“粗劣品”排除在了标准以外。1736 年，议会通过了“不限制曼彻斯特产品”的法律，给这个幼小的产业提供了自由经营的保障。

图 7-1　印花布料的裙子。在 18 世纪，轻便美丽可洗涤的 100% 纯棉印度印花布席卷了整个西欧。

人称“行业巨头”（captains of industry）的卡特莱特家族、肯尼迪家族、皮尔家族等家族企业，都是通过改进生产和大西洋销路成长起来的。最终于 18 世纪末，英国已经能够生产和印染在欧洲和亚洲市场都能通行的 100% 品质的棉布。根据米歇尔和迪恩的统计，原本占英国出口产品第一位的毛纺织品，在 1802—1803 年让位于棉纺织品，自此进入了 D. 法尼所称的“棉花时代”。

工厂大量生产的英国棉布成为新的战略商品，侵蚀了自古以来的印度手工棉纺织业。研究日荷贸易史的石田千寻还为我们提供了一条旁证，18 世纪长崎进口的昂贵的印度印花布，在文化、文政年间（1804—1830）质量下降以致从市场消失，取而代之的是名为“本国更纱”的欧洲产高级印花棉布，开始渗透日本列岛。

韦奇伍德的瓷器

制作仿制商品也并非易事，在代尔夫特和迈森，都曾出现为模仿精美的中国和日本瓷器而试验失败的例子。

乔舒亚·韦奇伍德（1730—1795）的成功在于，使用优质黏土、砂石和碎骨为原料的品质管理，针对富裕阶层审美需求的希腊、罗马风格设计，对整个制作流程进行分工，以及通过发放商品目录推广邮购的经营创新。由于 18 世纪后期的运河建设潮，安全可靠的运输网络也确保了他的成功。韦奇伍德还加入“月光社”以结交伯明翰近郊的资产阶级名流，并确定了瞄准多子女家庭的营销战略和针对工人的管理措施，可以说韦奇伍德已然具备了近代工业资产阶级的一切必备条件。

已知技艺的最大化

早期的蒸汽机效率很低，在实际应用中还不如水车实用。1771 年，理查德·卡特莱特的第一个纺织厂便是在德比郡溪流旁的水力工厂，其生产过程经常会受到季节性水量变化的影响。1784 年，瓦特虽然开发出了复动旋转式蒸汽机，但仍体积巨大，效率低下。曼彻斯特市区第一座以蒸汽为动力的纺织工厂只好推迟落成，据 W. 查罗娜指出，这个工厂实际开工已经是 1789 年 5 月的事了。此后如罗伯特·欧文的新拉纳克村、格雷格家的斯塔伊尔村等工厂村共同体，在进入 19 世纪以后仍然同时使用水力和蒸汽动力。

工业革命始于将已知技术和技艺（Know-How）相结合，使其效能最大化。工业革命也激活了马车、水车和水运。科布鲁克代尔的制铁村位于牧歌般的溪谷中，1778—1780 年，这里架设了世界第一座铁桥。蒸汽机的实用化是在 18 世纪末，铁路的运营始于 1825 年或 1830 年。蒸汽动力和铁路不是工业革命的动因，而是其完成的象征。今天，从伦敦开往伯明翰和曼彻斯特的列车向窗外望去，会看到交错并行的运河，而终点站背后就是运河网的枢纽。因此，19 世纪早期的铁路均沿运河铺设，而相应的工厂也是面向运河建设的。

在 J.M.W. 透纳的《雨·蒸汽·速度》(1844)中，可以看到雨中飞驰在铁路桥上蒸汽机车灼热的汽缸。不仅如此，火车头前还有野兔在奔跑。这种过去和现在交错接续的感觉，在天才画家的笔下可视化了。

图 7–2 透纳的《雨·蒸汽·速度》。天才画家笔下的工业革命景象。

国内生产总值的低增长

在这里有必要提一下所谓的“工业革命否定论”，其具体内容在拙著《文明的表象 英国》中也已述及，所以在此只表结论。旧的教科书叙述体系是，在 18 世纪 60 年代内生的或者说从国内因素萌发的工业革命开始后，英国就完全被工厂、煤烟和工业资本主义覆盖了。这种旧说存在两点谬误：第一，忽略了工业革命前延续了 100 年的试错及其与工业革命的连续性；第二，忽视了广域层面的竞争与合作。

关于第一点，近年来计量经济史对数据的追逐，彻底改变了工业革命的形象。据 N. 克莱夫茨称，国内生产总值的年增长率在 1700—1780 年为 0.7% 左右，从 18 世纪 80 年代开始才超过 1.3%，1801 年以后达到 1.97%。如果从人均年增长率来看，1760—1780 年是零增长，1780 年以后的增长率为 0.35%，19 世纪最初的 30 年也只达到 0.52%。

从这些数据得出的结论是，最多可以把 18 世纪 80 年代看作英国经济保守增长的开始。而且不但有很长的蛰伏期，1780 年以后也没有发生“革命性”的巨变。了解英国 20 世纪经济高度成长的人，都会为 18 世纪英国的经济变化感到捉襟见肘。

世界史上的工业革命

但是，只考虑英国国民经济的内部因素，尤其是其增长率或许也是有问题的。这就涉及第二点，原本近世的亚洲就有着比欧洲更加丰富成熟的政治、经济和文化。东西方力量关系的转变是在 18 世纪的某个时间点。奥斯曼帝国的后退，普拉西会战中克莱武的胜利，广州开港等事件都是变化的征兆，加上科学革命和启蒙欧洲的努力奋进，产生了彭慕兰所说的“大分流”。

作为世界历史的分歧点和人类历史里程碑的工业革命，

即使英国国内生产总值的增长率每年只有1%，却持续了几十年，因此称之为“革命”名副其实。长期以来制造替代商品的试错，最终结出了工业资本主义的果实。如果说最大限度地利用已有的技艺，大胆投资，大规模构筑可靠的生产运输系统，这样的工业革命的开始是在1780年左右，那么结束的时间点可以划在经济空前景气和斯托克顿至达林顿铁路通车的1825年，之后便是经济危机的到来。

英国的一系列生产力创新并非内生的，而是在与亚欧诸地区竞争的促动下展开的，其结果也波及全球。恐怕只有将工业革命视为1800年前后的第二次全球化的契机，才能初步实现对其历史的理解吧。与第一次全球化相比，第二次全球化将不可逆转地改变东西方历史。英国借此成为资本主义世界体系的中枢，此后的世界史将以英国的和平秩序及其关系史展开。

❸ 1800 年以后的英国与世界

第二次全球化

工业革命是对与“漫长的 18 世纪”相关联的经济社会，包括民间活力、议会和政府的积极政策及海外市场的重组。那么为什么在这个时期发生，又为什么是在英国呢？

在科学革命和启蒙的效果开始呈现的 18 世纪后半叶，位于广义的莱茵兰 / 洛泰尔尼亚的周边地区是发生工业革命的必要条件。彼时，海外商业、棉业和精密技术在荷兰、法国和英国之间竞争激烈。但是荷兰和胡格诺派的人才和技术在英国实现了软着陆，在这个过程中，当时英国的议会政治、财政—军事国家系统和社会共识的达成都发挥了作用。本来条件最优越的大国法国，却由于胡格诺派人才的流出、一连串战争引起的累积赤字、对税收负担不公的放任、英法通商条约的打击以及大革命的动荡和 26 年的拿破仑战争（1789—1815），被竞争对手甩开了距离。英国却在那 26 年里逐步独占了所有利益。

工业革命是全方位竞争的产物。作为其结果，19 世纪的世界虽然是全球性的，但并不单调。第二次全球化形成了一个多层系统或结构，对此让我们分三个层面来观察。另外，早在著名的伊曼纽尔·沃勒斯坦（1974）以前，藤瀬浩司在《近代德国农业的形成》（1967）中就已经提出了这个理论的精华。

世界资本主义系统的中枢

第一，英国是世界经济的中枢，它成为“世界工厂”“世界银行”和“世界总司令部”。曼彻斯特、伯明翰、格拉斯哥成为工商业城市，而利物浦作为港口城市也获得了急速成长。这些英国地方城市在 1750 年的人口都是 2 万左右，但是到 1850 年已达到 20 万—40 万，100 年间增加了 10—20 倍。商业、金融和政治中心伦敦，人口也从约 70 万增加到 240 万，公共空间也得到完善，成为世界的首都。

世界资本主义是与罗马治世相比肩的不列颠治世，其核心根植于其营造的自由公共圈。罗马继承希腊和希腊文化的精华，统治了地中海世界。如果是那样的话，可以说英国就是继承宗教改革和启蒙欧洲的精华，统治了整个世界吧。

地主贵族和逐步成长的企业家相结合，起用外来人才，使英国的经济社会越来越具活力。在棉业中心曼彻斯特，德国商人布兰特于 1799 年就任镇长。同年，法兰克福的金融商人罗斯柴尔德将三子纳坦派到曼彻斯特，对棉业和印染业进行了详细的调查。纳坦（英文名为内森）五年后搬到伦敦城区，不久，伦敦成了罗斯柴尔德家族全欧金融网络的枢纽。1842 年从德国巴门来到曼彻斯特商会的青年弗里德里希·恩格斯，也是从莱茵河流域来到英格兰的动态流动人口中的一员。

对抗群

第二层是莱茵兰 / 洛泰尔尼亚周边的西欧地区以及美利坚合众国，他们都感到了英国工业品的洪流和自由公共圈的威力，这促使这些地区也开始致力于保护和培育国民经济。为了让本国幼年期的后发工业资本主义自立，殖产兴业、富国强兵、国家统一和建构国民共同体纷纷成为各国的国策。1806 年，拿破仑颁布“大陆封锁令”，即通过切断英国与欧洲的联系进而垄断欧洲市场，这是最早的“对抗”尝试。

1814 年，美英战争之后，弗里德里希·李斯特提出的“德意志关税同盟”于 1833 年签订。根据小林升的说法，所谓与亚当·斯密对国民经济自由放任做法相对抗的“李斯特问题”，直到今天仍然是经济学者的议题。

这种民族性的应对被藤濑浩司称为资本主义世界体制中的“对抗群”。在后发 / 对抗群的资本主义国家内部，以英国和启蒙为模型的坚持普世 / 进步主义的“近代派”，与对其怀有疑问而倡导国民历史文化和独特性道路，并借浪漫主义发力的“民族派”，围绕国家走向问题产生了对立。19 世纪的苏格兰、爱尔兰、德国以及明治、大正、昭和时代的日本，无不出现了这两股潮流的对立。

从属群

第三层由欧洲周边、拉丁美洲和亚洲构成，藤濑称之为“从属群”。这些区域被中枢的需要单方面地左右，被强迫种植、生产和居民生活无关、专门用于出口的单一作物。波罗的海沿岸的谷物和木材，从弗吉尼亚到加勒比海再到南美洲辽阔的棉花、烟草、蔗糖、咖啡种植园，以及家畜牧场地带都是如此。

像爱尔兰和印度这样丧失国家主权的地区，虽然拥有丰富的历史和文化，但仍然逐步被殖民地化。即使有传统产业，与英国本国竞争的部门也被解体变形。在19世纪上半叶独立的拉丁美洲国家虽然保有国家主权，但在经济上完全隶属于英国等中枢国家，为其供给特定原料，并成为其产品市场。

这样，世界的三层构造或者说系统就形成了。近代世界史是英国资本主义对全球的支配，是与之对抗或从属的历史。

三层构造中的日本

1808年（文化五年），英国海军费顿号舰长佩卢奇袭长崎港，拘禁了出岛的荷兰商人馆员。这是一次英国与吞并荷兰的拿破仑帝国进行全球战争背景下的军事行动。长崎奉行松平康英为使“英吉利人”尽快离去，被迫答应对方的补给要求，事后松平康英引咎切腹。

之后于1813年、1814年来到长崎的“阿兰陀船”（荷兰），其实是已经占领了爪哇的T.S.莱佛士派来的伪装的“英吉利船”，这在当时是只有相关人员才知道的最高机密，而“本国更纱”也与印度印花布一起被初次带入了日本。1817年，荷兰商船贸易再开，订货量显示，日本维持了对

“欧罗巴更纱”的进口，对质量恶化的印度印花布的进口止于1829年。

尽管幕府于1825年（文政八年）颁布了“异国船驱逐令”，实际上早在1858年签署《修好通商条约》的40多年前，日本列岛就与英国资本主义的世界体系有了交集，尤其体现在日本每年都要订购大量的英国战略商品——印花棉布上。石田的研究及《东京大学史料编纂所附属·图像史料解析中心通信》（2011/2012）都明确指出了这一点。

作为不是“从属群”而是“对抗群”的民族国家，如何延命将成为幕末明治人的课题。

第 8 讲

大转型的维多利亚时代

阿尔伯特亲王（右）和维多利亚女王以及他们的孩子们围绕在圣诞树周围。这是近代“维多利亚式家庭”的标准形象。

大事年表

1783 年	皮特就任首相（—1801，1804—1806）
1814 年	维也纳会议（—1815）召开，第二次百年战争结束
1856 年	伦敦大学（UCL）创立
1828 年	《审查法》《地方自治团体法》废除
1829 年	《天主教解放法》
1830 年	利物浦至曼彻斯特的铁路开通 11 月，格雷就任首相（—1834 ）
1832 年	修订选举法
1834 年	《济贫法修正案》（新《济贫法》）通过 9 月，皮尔就任首相（—1835，1841—1846）
1837 年	维多利亚女王（—1901 ）即位
1838 年	8 月，《人民宪章》提交议会，宪章运动开始；9 月，反《谷物法》协会成立（翌年，更名为反《谷物法》联盟）
1840 年	鸦片战争（—1842）爆发，格莱斯顿发表反对演讲
1845 年	迪斯雷利《西比尔——两个国民》出版
1846 年	《谷物法》废除，托利党分裂
1851 年	大博览会（最早的世博会）召开；路透社成立；全国宗教调查
1854 年	参加克里米亚战争（—1856）
1857 年	印度民族大起义（—1858）爆发，英国开始对印度直接统治

续表

1860年	英法通商条约（《科布登条约》）签订 南丁格尔创办护士培训学校
1862年	文久遣欧使节（福泽谕吉随行）滞英
1863年	足球章程公布；翌年，板球章程公布
1867年	第二次修订选举法；巴约特《英格兰的宪政国体》；加拿大联邦成立；马克思《资本论》第一卷出版
1868年	2月，保守党的迪斯雷利就任首相（1868，1874—1880）；12月，自由党的格莱斯顿就任首相（—1874，1880—1885，1886，1892—1894）
1869年	苏伊士运河开通
1870年	《初等教育法》通过（1880年起实行义务教育） 实行国家公务员考试制度
1871年	《工会法》通过
1872年	岩仓使节团（久米邦武随行）滞英
1876年	女王自称印度皇帝
1884年	第三次修订选举法；费边社成立；睦邻组织运动开始
1885年	印度国民大会党（简称国大党）成立
1886年	《爱尔兰自治法案》通过；张伯伦退出自由党
1887年	第一次殖民地会议；“夏洛克·福尔摩斯”诞生
1889年	吉卜林发表 *East is East*
1899年	比阿特丽丝·波特与西德尼·韦伯结婚
1892年	南非布尔战争（—1902）开始

❶ 政治家的豹变

关于近代问题

卡尔·波拉尼把 19 世纪的英国史称为市场经济在人类历史上的“大转变 / 大转型”。随着第二次全球化的到来，难题接二连三地出现，于是近代的英国人不得不采取与以往不同的行动。

在国内秩序方面，首先存在《审查法》和“天主教解放”的难题。英国自 1707 年后已是“一君一议会二法二教会”的联合王国，从 1801 年开始，信奉罗马天主教的人口大幅增加。强制公务员遵奉国教会的国家宗教原则，在 19 世纪是否依然要维持下去？爱尔兰的政治纠纷恰恰源于这一点。其次，中世纪以来议会（下议院）《选举法案》虽然曾经是国体和政治的基石，但在工业革命和功利主义的时代仍然有必要维持旧制吗？自治城市参事会的出现与这一问题息息相关。再次，如何处理因第二次百年战争和财政—军事国家系统累积的国库赤字和金融不安？毕竟维也纳会议结束后，须偿还的国债仍占年度总支出的一半以上。最后是《谷物法》，这其实是一个由消费者负担农业补助金和关税的体系，高粮价还会继续下去吗？

这些都是触及后光荣革命时期体制原则的难题，激进主义者攻击这是“自古以来的腐败”。但由于既得利益集团的阻挠，时代的要求被一再拖延。另外，17 世纪的《航海条例》是否继续，以及东印度公司，包括其所对应的亚洲贸易和印度统治应如何处理等难题，早在 18 世纪末便开始被反复讨论。新的困扰还有 1815 年以后的国际关系和外交方针，城市化带来的公共卫生问题，以及经济周期带来的破产和失业对策问题。

在工业革命时代，对于妇女儿童的就业和由此带来的家庭关系和人口流动问题，伊丽莎白时期的《工匠学徒法》和《济贫法》只能勉强应对。特别是以教区为单位的社会政策，其财政和治理都有问题。尽管如此，1801 年全国教区平均人口已达到约 900 人。为了完善教区的公共政策，虽然有很多慈善组织出现，但未必充分发挥了作用。

这个时候的父权和性别规范开始动摇，作为表现之一，在拙著《民众的道德》中提到了游街示众和“卖老婆”的表演。议会对这种情况的回应是，通过对女性和小孩的就业进行保护性限制的《工厂法》，这也是研究社会变迁的社会学学者 N. 斯梅尔萨对此问题的主要论点。“大转变 / 大转型”带来的社会症候，还为文学带来了新的主题。简・奥斯汀不但创造了大量描写平和的乡绅及神父家庭婚姻活动的戏剧，还塑造了约克郡牧师布隆德家的女儿们极具想象力和热烈情感的故事。狄更斯则把《新济贫法》前后贫民世界的状况写成了情节剧，托马斯・哈代评论这是“性格和环境”构成的悲剧。

与旧有社会原则不再成立的时代相对应，A. 布里格斯称之为“改革的时代”，P. 柯立根和 D. 塞亚合著的《伟大的苍穹》称之为“文化革命”，P. 哈林格认为国家的作用和责任在扩大。其细节请参阅《牛津不列颠诸岛通史》第九卷，和拙编《英国史研究入门》各章，在此让我们先来看看人们是怎样努力解决近代问题的。这也是我的老师——剑桥大学的波伊德・希尔顿的研究课题。

首相小皮特

第一个正面应对近代问题的国民领袖是威廉・皮特

（1759—1806），他与同年出生的威廉·威尔伯福斯是剑桥大学的同窗，并成为终生挚友。两人都在21岁时便成为下议院议员。皮特在承认北美独立的《巴黎条约》（1783）签订后不久，在24岁时被指定为首相，在有中断的情况下共就任21年，工业革命、对法战争和联合王国的成立都与其有着密切的关系。他是“老皮特”之子，因为与父亲同名被称为“小皮特”。小皮特是个高个的秀才、能干的官员，演说能力冠绝天下（第7讲章首图）。

有人评价小皮特是“近代托利党的鼻祖”，但这种说法容易引起误解。首先，他是个超越党派的国家领导人。虽然他是辉格党清浊共饮的福克斯家族的政敌，但正如电影《美国风云》所描绘的那样，皮特具有让政敌也能刮目相看的“公共精神”，因此国王对其信赖笃深。他相信传统国体和亚当·斯密，但在思想上与辉格党的辩手埃德蒙·柏克接近，以“独立派辉格党人”自居。

另外，由于皮特倡导“对法同盟”并始终坚守，所以有时被说成保守反动的政治家。然而，他只是以1783年开始推进的“经济和行政改革”为背景，应对与法国的战争而已。法国革命由两个阶段组成，革命战争不是从1789年，而是1792年开始，英国则是在转年（1793年）路易十六被处死后才参战的。可以说，皮特其实一直是一个与詹姆斯主

图 8–1　联合王国的国旗（Union Jack）。由英格兰的圣乔治旗、苏格兰的圣安德鲁旗和爱尔兰的圣帕特里克旗中的三个十字合体而成。

义和拿破仑的欧洲帝国对决的自由主义者。

皮特在 1800 年通过了《大不列颠及爱尔兰联合王国法案》(《1800 年联合法案》)。与此同时，废除了中世纪百年战争以来英国君主以“法国国王”为名的传统，去除了对法国的挑衅要素。对第一次百年战争的战后处理，终于在第二次百年战争的最后阶段得以完成。此外，伊丽莎白女王之后国王头衔中的“等”一词也不再使用。皮特还想废除对天主教的歧视政策，摆脱新教国家的形象，但由于国王反对，他只好主动辞职。

“时效取得”的英国型近代

埃德蒙·柏克的《对法国革命的反思》(1790)论述了近代的保守主义，并在批判激进主义者的同时为光荣革命进行了辩护。这是一种经验主义哲学之下的时效取得型思想。在他的理论中，国教会、边沁、亚当·斯密被融聚一炉，发挥出无与伦比的适应力。

据身为自由主义者的柏克说，规范世界秩序的不是单纯的理性和自然权利，而是对综合因素的协调。“根据过去和现在的伙伴关系”来适应现状的“时效取得系统”才是英国宪政和自古以来的国家体制。担负这一切的是“与生俱来的统治者”，1647 年的平等派（Levellers）论争的结论也出现在了这里。这种英国式经验主义的近代，与“启蒙的长女”——法国式理性主义的近代，即单一不可分的革命国家原理，在近代历史进程中走向了两个方向。

支撑政治家的公共精神

以往认为托利党是守旧的地主党，辉格党是进步的资产阶级党，其实是迷妄之说。年少时支持法国立宪革命的哈斯基森、印染业者之子比尔、贸易商人之子格拉德斯通、犹太布尔乔亚的儿子迪斯雷利在进入政界时都毫不犹豫地选择了托利党。其实辉格党的核心才是由大资产阶级、地主和贵族组成的。

“大转型”是政界重组的时代，在此期间君子豹变，国家领导人辈出。虽然“statesman”可以直译为“国士”，但也含偏右翼的语感。其实无论左右，以国家利益和党略行事的只能算是 politician（政客），从公共精神的立场出发思考国家百年大计，并付诸行动的经国济民之士才是政治家。皮特、比尔、格拉德斯通等理念型人物皆在其列。

在“改革的时代”中引导英国和平秩序诸问题的政治家身上，综合具备了三个要素：一是基于新教赎罪意识的福音传道主义；二是功利主义即资产阶级理性主义；三是古典主义经济学。他们成为将宗教改革和启蒙的精华融合在一起，支撑着近代英国的国家“工作者 / 实干家”（man of business）。

独身工作者皮特在 46 岁的年纪过劳死后，他的继承者们也以认真的工作面貌投身于公务。在国际上，他们延续了寻求脱离维也纳体制的自由主义外交道路，而在国内，为应对激进主义不断高涨而激增的事务，他们相继意外离世，包括卡斯尔雷子爵（1822 年，自杀，外交大臣），坎宁（1827 年，心肌梗塞，首相兼财务大臣），利物浦伯爵（1828 年，脑血管疾病，前首相），还有哈斯基森（1830 年，被火车轧死，前军务和殖民地事务大臣），等等。

能力出色的工作者接连死亡后，担任首相的是指挥滑铁卢之战的将军老威灵顿公爵（1828—1830 在职）。他拒绝改革，罢免了哈斯基森，最终放弃了政权，把权力让给了辉格党的开明贵族。不久，他便在 1830 年 9 月利物浦到曼彻斯特间客运铁路的开通仪式上，目睹了哈斯基森被火车轧死。

效用主义的边沁主义

辉格党的政治巨头有格雷伯爵、梅尔文子爵、帕麦斯顿（巴麦尊）子爵、罗素子爵以及边沁主义者布鲁厄姆勋爵。

布鲁厄姆本是法庭律师，是《爱丁堡评论》杂志的创始人之一。早年曾致力于推进建立对各种公益团体进行会计监察的调查委员会。早在前一个世纪末，质疑国库、公益团体及印度问题的“accountability 舆论”就已经开始高涨。“accountability”可以翻译为“说明义务”，也就是说公示账目（资金的进出）记录和明细是一种能力和责任。站在这个时代潮头的是杰里米·边沁（1748—1832），其曾提出“正误的标准应基于最大多数人的最大幸福或最少痛苦”，作为对启蒙与道德哲学的总结。对于这一思想，通常使用的“功利主义”这个译词容易引起误解，以效用（utility）为关键词，翻译成“效用主义”可能更合适吧。

辉格党政权依靠院外运动，推动了 1833 年选举法修订（议会改革）、1833 年废除奴隶制度、《工厂法》《东印度公司法案》、1834 年《济贫法（贫民对策法）修正案》及 1835 年《城市自治体法案》的实施。伴随立法的进行，在各工厂、贫民对策部门、监狱、矿山等任职的国王敕任官，被派往全国各地担任监察官。伦纳德·霍纳、凯伊·夏特鲁瓦斯、埃德温·查德韦克等都是具有革命性的敕任国家公务员。

边沁、布鲁厄姆勋爵和米尔父子及他们的后继者，都是秉持“效用原则”的理性主义者。也可以说他们是“资产阶级知识分子的革命前卫”，因为他们的知识和力量支撑了议会调查委员会的报告书和统计数据。其实“statistics”在指代广义的统计数据之前，专指收集带有“国家管理学”和“国家统治”意义的数据。马尔萨斯的《人口论》也是基于1801年人口普查的时代产物。

革命的情势

继通过1832年的选举法修订和1834年《济贫法修正案》之后，英国19世纪40年代最紧迫的问题首先是投机主义，其次是《谷物法》。

不满选举法修订的工人、工匠，于1838年8月拟定了一份包括要求男子普选权、无记名投票、议员发薪等内容的《人民宪章》，连同1215年的《大宪章》提交给了议会，要求以人民的政治替代贵族和富裕者的政治。这个运动实质上寄托了多种改造社会的理想和希望。正如胜田俊辅所描述的，在英国西北部的劳动者中，爱尔兰出身的人虽然不断增加，但 19 世纪上半叶的爱尔兰天主教农民，在不断反抗地主和总督府的宗教歧视中，开始试图通过私人结社来实现“千年王国”的梦想。

1838 年 9 月，面对包含多种社会能量的宪章运动，在曼彻斯特商业会所聚集的布尔乔亚（中产阶级）激进主义者们战略性地把敌人定为地主贵族，即不劳动阶级，他们与流汗的诸劳动阶级结成了“《谷物法》反对协会”。而当权者中柯布顿是国教徒、布莱特是贵格派、福塔是“一位论”派，虽然教派不同，但他们一致认为这是想成为地主贵族的中产阶级激进主义者在用愤怒裹挟劳动人民。

1839 年 2 月，发起宪章运动的国民公会（National Convention——法国革命议会！）在伦敦召开，该会于 3 月将总部迁至伦敦，改称“反《谷物法》同盟”。同盟正好最大限度地利用了从 1840 年初开始实施的全国统一预付邮政（邮票）制度，将传单和机关报像纸炸弹一样散发到全国。1842 年夏天，曼彻斯特的街道因连日来的游行而沸腾起来。不论掌握运动领导权的是工人和工匠、布尔乔亚，还是议会，这都是毫不逊色的阶级斗争，这是从恩格斯到迪斯雷利的同时代人的共同感受。

皮尔与《谷物法》的废除

在前托利党政权时期便崭露头角的罗伯特·皮尔（1788—1850），本是出身印染业的布尔乔亚少爷。他从哈罗公学进入牛津大学后，在古典学和数学方面名列前茅，21岁便成为下议院议员。他尊敬皮特，是一个热心的国教会信徒和建制派人士，反对继续改革和“天主教解放”。皮尔历任爱尔兰总督首席政务官、联合王国内政大臣，于1834年出任首相。他以整顿近代警察而闻名，曾在塔姆沃斯选区发表“宣言”，比柏克更深入地主张“应对时代变化的保守”。

虽然皮尔十分了解曼彻斯特的情况，但他放心不下的另一个课题是国家财政。据研究经济史的M. 达恩顿称，皮特、皮尔、格莱斯顿等近代英国政治家的首要课题都是健全财政以及累积赤字的说明责任。因为，如果不努力应对，就无法与边沁激进主义者相抗衡。那些对“自古以来的腐败”发出攻击的激进主义者，还持有“小政府”和财政紧缩政策的立场，这又与皮尔的税制改革和银行法（《英格兰银行条例》）相匹配。结果，皮尔出于超宗派的公共精神，并根据财政规律制定政策才是公正的国家制度的信念做出了决断，于1846年废除了《谷物法》（地主保护法）。

因此，反《谷物法》同盟的资产阶级取得了胜利，而宪章运动遭到了惨败。托利党分裂后，进入了漫长的政界重组时期。另外，正是因为有了 1846 年皮尔的决策，1848 年在整个欧洲高涨的“国民之春”在英国则成了“雨后送伞”，只停留在了宪章运动和爱尔兰的零星事件上。

那时在爱尔兰，土豆病害和粮食的饥饿出口结合在一起，导致了“大饥荒”（1845—1849），也促使爱尔兰人加快了向英国和美国移民的速度。

格莱斯顿与鸦片战争

威廉·格莱斯顿（1809—1898）出身于富裕的利物浦贸易商家庭，父亲是托利党议员。他从伊顿公学毕业后进入牛津大学，在学期间古典学和数学成绩优异，曾担任学生自治会的议长。他曾经考虑从事神职，但在与哥哥一起游学欧洲之后，便于 22 岁从政成为托利党议员，加入了皮尔派。

1840 年 4 月 8 日，刚满 30 岁的格莱斯顿作为在野党独立议员，就向中国走私鸦片和派军舰开战的问题，在批评辉格党政府的外相帕麦斯顿爵士的演说中，充分表述了他“高洁”的主张。在大约 8500 个词的冗长演说中，格莱斯顿作为一位对信仰、文明和正义怀着充分自信的年轻政治家，尖锐地谴责了帕麦斯顿的“非正义且不道德的战争”。然而延长到翌日的辩论结果是，赞成开战（支持政府）的有 271 票，反对的有 262 票。仅以 9 票之差，英国发动了“非正义且不道德”的鸦片战争。

图 8-2　格莱斯顿。秉持信仰、文明和正义的政治家，晚年依旧健壮。

格莱斯顿的演说，首先以确凿的事实为依据，指出论敌之非；其次以信仰、文明和正义为旗帜，紧紧抓住了会场的气氛。他的戏剧表演般的演说能力，在成为财务大臣和首相后，在预算案以及面向大众的选举演说中，都表现得淋漓尽致。最先把预算案当作政府和议会最重要议案的就是格莱斯顿。作为正统的政治家，他一面像莎士比亚的舞台演员，另一面像教会的牧师，以身示范，创立了近代议会政治的传统。

迪斯雷利和两个国民

同为托利党，1840 年与皮尔和格莱斯顿一起对鸦片战争投了反对票的本杰明・迪斯雷利（1804—1881）是一位具有辩护律师资格的忧国作家。他的父亲是一位从犹太教改宗国教的文人，也曾担任托利党议员。

迪斯雷利认为近代英国的根本问题是阶级问题，他曾参与名为“青年英格兰”的组织，试图解决国教会、君主制、家父长主义引发的问题。他的小说《西比尔——两个国民》（1845）中有这样一段描写：

> 女王统治的不正是两个国民吗？……相互协商却没有共感，既不知道彼此的习惯，也不知道彼此的想法和感情，甚至让人觉得他们所居住的地域和行星都不一样。教养、饮食、礼仪、法律都不一样，是两个不同国家的人民。

由此，如何统合不同世界的两个阶级的国民，与健全财政（小政府）和国教会一起，被纳入了保守政治的议程。

1846年，皮尔派自行解散，托利党开始转向福音传道主义、效用原则和经济学意义上的国民政党。英国政界进入了重组时期，在皮尔猝死（1850）之后，具有能力但未必谁都喜欢的格莱斯顿成了中心人物，并发生了180度的转变。他开始向柯布登、布莱特这样的资产阶级激进主义者，甚至辉格党的大佬帕麦斯顿和罗素接近。

对皮尔派的君子豹变感到背叛和愤怒的迪斯雷利，自己虽然不是地主，但仍然留在人才流失的托利国教会地主党，与德比伯爵共命运。虽然并不擅长数学，但他在德比内阁（1852、1858、1866）被任命为财务大臣，力主对工人、国民的控制，是秩序派的旗手。贯穿迪斯雷利后半生的，是虚荣心和对比他小五岁的原同志格莱斯顿的嫉妒，为了超越后者的改革方案，他推出了激发大众爱国心的政策。关于迪斯雷利所说的凌驾于“两个国民”之上的女王陛下和君主制，我们下一节再来分析。

❷ 维多利亚时代——近代的表象

君主制的危机

维多利亚女王的治世（1837—1901）被称为“维多利亚时代”（Victorian era）。这是基本与工业革命达到顶点的广义的“不列颠治世”（Pax Britannica）相一致的便称。此外，“Victorian”同时也是指代近代君主制、性别、家庭、市民公共性的形容词。

继纯朴的乔治三世（1760—1820 在位）的悠长治世之后，不肖浪荡公子乔治四世（1820—1830 在位）和威廉四世（1830—1837 在位）相继登上王位。在这个大转型和改革的时代，舆论将这对放荡不羁的兄弟视为宪政的绊脚石。如果不是 1837 年可爱的维多利亚公主即位的话，在向“自古以来的腐败”发起攻击的激进主义高涨的情况下，英国君主制极有可能被废除。

再者，按照不承认女继承人的“萨利克法”的规定，继承汉诺威王朝王位的也不应是维多利亚公主。若是如此，联合王国与汉诺威王朝砾岩般的共主邦联国家（1714—1837）将就此解体，伦敦的“德国政府”也将关门。如果演变成这样的情况，联合王国是否还能延续与德国诸邦的亲密关系呢？

维多利亚公主

维多利亚的人生可以分为三个阶段：第一阶段到结婚为止；第二阶段到丈夫去世的 1861 年为止；第三阶段是在那之后的时间。

青年维多利亚是一个 18 岁还和母亲睡同一个房间、被 132 个玩偶包围、生活毫无忧虑的公主，但即位后的她开始在辉格党贵族梅尔文首相的引导下接触公务。此时维多利亚的父亲已经去世，她对年长 40 岁的梅尔文子爵产生了超越父女情感的倾慕。“请结婚生下王子吧。”面对 60 岁的首相的建言，维多利亚心里想着：“结婚对象就是你啦！”天真的女王没想到这样做可能会产生政治问题。于是心生一计的梅尔文首相于 1839 年秋天，撮合女王与 20 岁的德国贵族阿尔伯特相亲。

一见到阿尔伯特，20 岁的女王就变了心。她在日记中写下了当天的感想："他真是太俊美了，非常帅。"女王亲自求婚，同时指示首相马上进行各项准备，很快便于 1840 年 2 月举行了婚礼。从当年年末开始，连续生了九个孩子，开始了幸福的家庭生活。

维多利亚与阿尔伯特

阿尔伯特不仅长相帅气，而且聪明、富执行力。他在波恩大学学习了自然科学、经济学、哲学，并具有音乐和美术素养，是一个务实而勤奋的人。他担任过剑桥大学的名誉校长，但最大的功绩是组织了 1851 年的"世界博览会"。他以推动产业革命的"皇家艺术学会"为平台组织了一个委员会，并亲自担任委员会议长统筹全局。

机械、发明、制造业及其财富和美丽的精华汇聚在伦敦的海德公园，展示在钢铁和玻璃建造的象征工业革命与生产力的水晶宫中。水晶宫并不是一座单纯彰显理性的建筑，根据帕克斯顿的设计，该建筑内部引种了若干棵巨大的橡树，亦与浪漫主义的时代主题相呼应。从 5 月到 10 月，入场人次共有 620 万。托马斯 · 库克公司适时依托全国铁路网络，推出了将车票、门票、住宿费打包在一起的“背包旅行”。博览会还面向工人专设了廉价入场日。而维多利亚女王居然34次亲临现场参观。世界博览会成了超越阶级的国民庆典和不列颠治世帝国的表征。

举办世博会获得了巨大的盈利，在海德公园以南的南肯辛顿，皇家美术学校、皇家音乐学校、自然历史博物馆、维多利亚和阿尔伯特美术馆聚集在一起构成了学术艺术区。阿尔伯特去世后还增加了纪念碑和阿尔伯特厅（Royal Albert Hall）。这次成功以后，世界各国都争相举办“万国博览会”。

阿尔伯特的功绩之二是向英国社会展现了理想的家庭生活形象。父母离异的阿尔伯特，似乎有意识地想成为一个好丈夫、好父亲。其中最具象征性的图像是一幅其家人与圣诞树的版画。维多利亚一家德国式的圣诞庆祝方式被广为人知，正是由于出现在1848年12月《图解伦敦新闻》上的这幅图像。

报纸用了整版的篇幅登载这幅版画，画面中父亲阿尔伯特以慈爱的眼神守护着室内聚拢在冷杉（圣诞）树旁的孩子们，妻子维多利亚凝视着丈夫，在家庭成员外围还候有帮忙的女仆（女官）（章首图）。这幅画的复制品在当时曾大量出现。以父亲暨丈夫为中心的充满信任和爱意的“维多利亚家庭”共度圣诞的形象，得到了国内外布尔乔亚家庭的普遍接受。虽然女王及其家人都是王室，但“维多利亚的价值观”作为“近代布尔乔亚理念”由此广为扩散。

在国际关系方面，维多利亚夫妇的九名子女与德意志诸邦、丹麦、俄罗斯等国的王公（或王公子女）结婚，结成了与整个欧洲相连的王室姻亲网。这是 19 世纪国际政治相对稳定的要因，也是不列颠治世的体现。

统而不治的君主

但是，理想的丈夫阿尔伯特在 1861 年去世（享年 42 岁）。悲恸的女王在服丧后的 40 年一直身着黑衣，对她来说，突然失去阿尔伯特使人生失去了意义。女王一度放弃了包括议会开幕式在内的立宪君主的公务，舆论对其进行了非常严厉的批评。她与首相格莱斯顿这样的理性主义者的关系也冷淡了下来。让老女王清醒过来的是王储爱德华的丑闻。

无论是女王还是首相迪斯雷利，总是将王储与他优秀的父亲相比较，不相信无能的他，不让他阅览国务文件。这样一来，中年已婚的爱德华王储不仅成了一日五餐的大吃货，还和军队高官共享高级妓女，甚至成为赌博诈骗的嫌疑犯。不像父亲却更像伯父乔治四世或威廉四世的王储，获得了与中世纪的忏悔者爱德华音韵相近的诨名“色情大师爱德华”。晚年的女王虽然也因暴食多餐，成了像雪人一样臃肿的矮个寡妇，但是与儿子形成鲜明对比的是，作为“欧洲的母亲”，她始终担心着儿孙的未来。

就“遁世的寡妇”和“不良青年王储”的现象，《经济学人》杂志的主编沃塔·巴约特简单明了地概括了近代英国国体即立宪君主制的本质。根据其《英格兰的宪政国体》（1876）一书，国体的本质由尊严和实效两方面构成，君主制和上议院代表尊严。君主超然于党派政治，以教会的象征礼仪和街头剧一样的盛大游行来凝聚人心，成为表征国民认同的具象就可以了，实际统治由首相和内阁进行，即所谓国王统而不治。

巴约特虽然只是一位新闻从业者，但才华横溢。这本书王储爱德华也曾阅读，此后更成为现代立宪君主的必读书目。

南丁格尔时代

当我们思考维多利亚时代的性别和市民公共性时，弗罗伦斯·南丁格尔（1820—1910）及其慈善事业都是不能忽略的。从某个角度来说，维多利亚时代也是南丁格尔时代。

与女王相差一岁的南丁格尔出生在富裕的资产阶级家庭。她没有上学，但接受了良好的个人教育，是非国教徒的“一位论”派信徒。据说她在埃及旅行中受到“上帝的召唤”，开始了为神更为人鞠躬尽瘁的生涯。

在克里米亚战争期间（1853—1856），她在军队医院作为志愿护理而闻名于世，但其实她在战后推进以统计调查为基础的卫生改革和护士教育，所做出的贡献更大。她以丰厚的个人资产（每年可以从父亲的遗产中得到5000英镑的非劳动收入）、宽广的人脉以及依托社会捐赠成立的“南丁格尔基金”为基础，于1860年在泰晤士河畔、议事堂对岸的圣托马斯医院开办了护士培训学校。她在病痛中也仍坚持不懈地进行慈善活动和著述，并成为英国皇家统计学会以及“功勋爵士团”的首位女性成员。

但是，南丁格尔对妇女参政运动持消极态度，自称man of business（工作者 / 实干家），有时候甚至拒绝“像个女人”。体现了新教、启蒙和效用原则本质的她，也可以说是近代states<u>man</u>（政治家）之一。

Charity是慈善吗

英国的近代经常被说成一个慈善的时代，但这么说其实是有问题的。在编写《新英语词典》(《牛津英语词典》的前身）时，“charity”词条的编者在继承约翰逊《英语词典》的传统，对该词的历史用法进行了深入研究后，在 1889 年毫不掩饰地写下了这样的困惑：

> charity 这个词……是根据 1601 年的《慈善用益法》和（后来的）近代慈善信托诸法的规定被广泛应用的。现在指的是支援不能自助的人，以及以各种目的结成的团体组织。这个词的用法和界限是完全恣意的，可以根据想法或时需而全面改变。

不管怎么说，1601 年的法律“精神和真意”在 19 世纪仍然延续着，当时的四大公益，即贫困救济、教育、宗教、以及以“社区利益为目的”设立运营的基金和团体，现在仍然是 charity。具体来说，救济院、孩子的玩耍设施、精英宿舍、向国内外传教的团体、军人协会、博物馆、图书馆、动物园、医院、海难救援团体、自然环境团体、学术组织、倡导各种公益的非营利性组织（NGO）、非政府组织（NPO）等，都是 charity。相对于“慈爱”本身，《信托法》是所有活动的依据。慈善信托委员或理事的任务是，（不管是否有慈爱的情感）以推进公益为目的进行基金运作，他们甚至可以像“信用合作社”一样贷款收息。

金泽周作认为 charity 侵蚀并干涉了国家职能，其实也可以说是部分地代理了国家职能。由于英国民间公共社会的韧性，以及上层为了偿还国债赤字被迫选择的“小政府”路线，伊丽莎白时期的法律遗产在自由主义时代的英国得以全面开花。民间公益团体和小政府相互补充，构成了英国型近代的表里。与大革命后否定民间社团的中央集权的法国，以及警察行政无处不在的德国不同，英国的慈善活动与伊斯兰社会的“瓦合甫”有些相似。

绅士的责任和义务

随着 J.S. 密尔的《自由论》和斯迈尔斯的《自助论》的出版，英国进入了自助的时代。无条件的施舍不但会伤害受众的独立心，而且会增加他们的罪过。1861 年成立的慈善组织协会（COS）区分了“值得救济的贫民”和“不值得救济的贫民”。就这样，许多公益团体经过整合后，成为奉行效用原则的团体。其中以奥克塔维娅 · 希尔的组织最为有名，格莱斯顿也是其成员之一。据近代史学家斯托特曼 · 琼斯研究，COS 的出现是“赠予”关系发生危机的表现。

如果为维多利亚时代的精英进行辩解的话，这种舞台剧式的表现，不是出于一时得失而是公共精神，正体现了现代绅士的责任义务。根据《牛津英语词典》，原为法语俚语的“Noblesse oblige”（高贵之身自然伴随着责任与义务）最早作为英语使用始于 1837 年，说明这正是维多利亚时代的话语。我甚至觉得可以意译为“绅士不容易啊”。

与之相似但略有不同的是，在印度出生的英国诗人 R. 吉卜林于 1899 年写下了讴歌殖民地广阔地平线的诗句：Take up the White Man's burden... “教导野蛮的、孩子气的”亚洲原住民，是白人必须承担的“责任和义务”。这固然是不划算的工作，但仍然要像男子汉一样默默推行。关于这个问题，我们将在第 9 讲进行分析。

③ 不列颠治世与“东洋的英国”

1851 年的英国

1848 年欧洲革命（民族之春）失败后流亡到英国避难的，一方面有梅特涅这样的政治家，另一方面也有马克思、路易·勃朗、朱塞佩·马志尼、亚历山大·赫尔岑等革命家。近代英国没有难民和流亡的限制，来者不拒。当时的伦敦正如其名，是一座吴越同舟的世界都市。

1851 年是英国近代史上具有指标性的年份。第一个标志是世界博览会的举办。

第二个标志是英法海峡海底电缆的铺设，这对应了“路透社”在伦敦的创立。德国出身的路透家族就此成为不列颠治世通信产业的领先者，而 19 世纪下半叶日益扩展的海底通信网络，也进一步加快了全球一体化进程。1851 年在澳大利亚发现了金矿，这个过去的流放之地由于投资和人口的增加，开始蜕变成一片“长期繁荣”的沃土。海运业巨头 P&O 公司垄断了苏伊士以东的邮船业务，该公司不仅开设了印度航线，还有到新加坡、中国香港、上海的定期航线，此后又将业务延伸到了澳大利亚和横滨（1864）。

第三个标志来自国内的宗教调查。英国最早的人口普查始于 1801 年，此后每十年实施一次。其中只有 1851 年在全国范围内进行了含有信教情况的调查，这次调查如实反映了当时英国的宗教情况。

这一年的 3 月 30 日（星期日），前往各教会进行礼拜的人占成年人口的 35.4%，其中国教会占 16.6%，非国教会占 17.3%，天主教占 1.4%。在“主日”前往教堂的人占全体基督教徒总人数的三分之一，其中国教徒连一半都不到。也就

表 8–1　信教调查（1851）

	出席者（人）	出席者在教会总人数中的占比（%）	成人人口比率（%）
国教会	2,971,258	46.7	16.6
非国教会	3,110,782	48.9	17.3
天主教	249,389	3.9	1.4
其他	24,793	0.4	0.1
总计	6,356,222	100	35.4

是说，英国（英格兰和威尔士）已经不再是信奉国教会教派的国家。然而这一丑闻的真相在光天化日之下暴露之后，全国的信教调查就再也没有实施了。

19 世纪上半叶的精英们曾经为之唇枪舌剑的“天主教解放”问题也好，理神论也好，牛津运动也好，都不过是“茶杯里的风暴”而已。国内的劳工大众或海外移民在信教方面处于放任状态，没有受到所谓的“正确信仰”和文明的影响。政府一方面醉心于内外传教和教堂建设，另一方面也在持续进行着世俗化的理性改革。“天主教解放”作为解决爱尔兰问题的专策在 1829 年便已实现。作为第一所脱宗教的功利主义大学（“无神论大学”），伦敦大学（现 UCL）于 1826 年成立。此后，牛津大学和剑桥大学也终于在 1871

图 8–3　伦敦大学。实现了边沁、布鲁姆爵士等人理念的非宗教大学。曾接收幕末明治的伊藤博文、夏目漱石等留学生。

年废除了对教职员和学生是否信奉国教会的审查。议会在就任议员时原有的基督教宣誓义务，也在 1858 年被废除。第一位适用者便是内森·罗斯柴尔德的长子莱昂内尔。他是伦敦市选出的金融资本家自由党议员。

基督教与文明

对上述内容必须稍作解释的是，对新教徒特别是以清教徒为主流的非国教徒来说，与星期日参加教会的礼拜活动相比，每天怀着对上帝的虔诚阅读《圣经》更加重要。对近代精英来说，宗教信仰和启蒙文明并不矛盾。考虑到精英在总人口中占比不到一成，或许我们应该接受人口普查中超过 35% 这一数字，反而是出席礼拜者已大众化的证据。

以往的精英培养机关（牛津、剑桥两所大学）的学生数，1815 年共计约 500 人，1900 年约 1800 人。1801—1913 年，两所大学的入学者累计超过 13 万人。在这里顺便提一下联合王国的人口，据推算 1815 年为 1922 万，1901 年为 4154 万人。

但是随着 19 世纪的发展，像边沁、巴约特以及后来的韦伯一样，出身于牛剑以外，按照效用主义思考并行动的新精英越来越多。其中毕业于伦敦大学和苏格兰大学，并且否认三位一体的“一位论”者虽然只占少数，却形成了资产阶级知识分子的核心。立场折中的不可知论者查尔斯·达尔文便是他们其中的一员。他在爱丁堡大学和剑桥大学学习，乘“贝格尔”号环球远航后，经过深思熟虑，写出了《物种起源》(1859)、《人类的由来及性选择》(1871)。

《西洋事情》暨“英国事情”

1853年逼迫日本开国的虽然是美国，但此后日本寻求世界信息的国家首先是英国。根据石附实的研究，到1867年幕末为止，海外留学生的出国地点，152人中有56人的去向是英国，排在第一位，第二位是美国、第三位法国、第四位荷兰。在怡和洋行（Jardine Matheson）等中介的帮助下，伦敦的“无神论大学”接受了大量来自萨摩、长州的青年。

当时法国支持德川幕府，英国支持萨长，但众所周知的是，明治时期的铁路、邮政、海军、灯塔都是通过引进联合王国的技术而实现的。1889年（明治二十二年）之前政府雇用的2690名外国人中，最多的仍是英国人，为1127名；排在第二的是美国人，414名；第三是法国人，333名。

福泽谕吉曾于1862年（文久二年），作为幕府使节团的一员访问了英国和欧洲。此前他也曾被派往美国，据《福翁自传》(1899)记述,“当时在欧洲巡游时的计划是……对外国人来说最容易理解的事情,由于字典上几乎都没写,对我们来说却是最难的。因此只想在逗留期间查一查自己不懂的原著。”结果他因滞英不归而遭到了幕府的问责。

> 当问及“议院”是怎样的机关时,那边的人只是笑……保守党和自由党拉帮结伙,双方都寸土不让地明争暗斗。有点什么事都要演变成政治上的争吵,把太平无事的天下搅得鸡犬不宁……彼此为敌的两个人,居然在同一张桌子上喝酒吃饭。真是令人难以理解。

这样的疑问和以“原文书”研究为主要内容的分册出版的《西洋事情》(福泽谕吉著,1866—1870),建立了近代日本人的思维框架。福泽在正文开篇中写道:“政治有三样。一说立君……一说贵族合议……一说共和政治……英国政治是融合三样政治形式的一种无与伦比的制度。”其关心的方向虽然是整个西方,但标准在英国,自此这个国家的名称不再是“谙厄利亚”或“谙国”,而以“英吉利”和“英国”来表记。其“政治风俗”或“经国之本”,被认为“应作我国政治沿革之龟鉴”。由此可见,《西洋事情》的精髓即“英国事情”,福泽的任务是向读者展示近代日本国家形式的选择方向。

然而，福泽所看到的是英国政界改组时“保守党和自由党拉帮结伙”，格莱斯顿接受帕麦斯顿内阁（1859—1865）的任命就任财政大臣时期的议会政治。这恰是不久之后两党政治的前夜，在进行第二次选举法修订的翌年，即1868年（明治元年），发生了保守党首相迪斯雷利和自由党首相格莱斯顿的交替，从而确立了两大政党政治博弈的局面。

“东洋的英国”？

1871年（明治四年）年末，以岩仓具视为特命全权大使，由木户孝允、伊藤博文、大久保利通等新政府要人组成的使节团离日出发，历时两年遍访了欧美各国和亚洲的海港。随行的久米邦武在《美欧回览实记》中的英吉利国总论部分，有如下记述：

> 该联邦王国……格局、位置、广狭及人口几与我邦相当。因此，该国人常说日本是东方的英国。尽管如此，如果以营业力来论及，我们与之相差悬殊……再加上这个国家附属地遍及五大洲，凡环海要地多为其所管，全世界的航道，几乎都归其支配，该国于海路也设

有邮站……其国人亦自夸英国不见日落。

以上对不列颠治世的世界认识，简单却不失重点。所谓的“营业力”，是“经济”这个词在日语中还没有定型之前的用词。

但是，久米的认识并不仅限于这样的概括。访问英国博物馆的久米在书中写道：“所谓进步，不过是一种弃旧求新的企图而已。”接着他又到“佛朗西国”参观了巴黎的“大书库”后，难以抑制激动的心情，（在岩波文库中，用整整三页）滔滔不绝地论道：

西洋日新进步之说，传入日本后，世间轻佻而短浅者，行弃旧争新之举争先恐后，然而新物尚未得，旧物却多遭贬损遗落。啊，这岂能谓之日新，谓之进步。每每参观西方之书库、博物馆，其准备之雄厚，东方远国之物即便重货亦不辞劳苦，整理采录。更有国人往往为其展示所惊异。不知之己事，反听其解说吾内地之事至详而归。西洋之日新进步，其根源在于爱古之情……不积聚千百年之知识，便不生文明之光。

想必久米在伦敦已经有所感怀，在巴黎受到国立图书馆的刺激后，情绪便奔涌而出了吧。西方日新月异的根源不是新奇的流行，而是对古今东西文化的热爱、对知识的积聚、对散发着黑光的文明的认识，以及尊敬的心情。

在不列颠治世下环游世界

岩仓使节团于 1873 年回国。同年，巴黎出版了儒勒·凡尔纳的小说，讲述了英国绅士福格带着仆人“万事通”，沿着与岩仓使节团几乎相同的路径，环游世界一周的故事。该书的前提是，1869 年开通了苏伊士运河和横贯美洲大陆的铁路，还有连接通行英语海港的定期航线。这一前提与岩仓使节团的美欧巡览是一样的。

但是，这本从雾都伦敦向东出发旅行的《80 天环游世界》作为不列颠治世下的冒险小说，作者凡尔纳却是法国人。高傲的法国人竟然以英国人作为主人公，创作了一个为完成赌约而应用最新交通手段、用 80 天环游世界的故事，这源于法兰西第二帝国（1852—1870）的亲英氛围。

自由贸易与和平外交

在克里米亚战争和第二次鸦片战争 / 太平天国期间，英法开始联手面对共同的敌人。虽然英国对亚洲展现出攻击性，但对西欧和美国采取了友好优先的和平外交政策。这条路线基本上出自科布登、布莱特和曼彻斯特商业会所。用科布登的话说，“自由贸易是上帝赐予的外交手段”。

1860 年，由时任财政大臣的格莱斯顿、谈判代表科布登和拿破仑三世的亲信舒夫阿里耶签订了英法通商条约。从 1786 年开始，经过三代人的努力，两国最终通过曼彻斯特学派倡导的条约，达成了以自由贸易与和平外交为目标的共存共荣。由此，英国也如愿以偿地获得了低关税的法国葡萄酒。

本初子午线 / 世界标准时间是 1884 年以格林尼治天文台为标准确定的。根据 C. 马修的说法，这个时间标准不是确定在路易太阳王以来的欧洲中心巴黎 / 凡尔赛，而是伦敦 / 格林尼治，是法国方面做出了让步，也意味着对不列颠治世的承认。

1898 年，英法间在非洲虽然发生了“法绍达事件”，但前线的法国司令官马尔尚和英国少将基奇纳，唯恐从西非东进的法国军队和顺尼罗河南下的英国军队发生冲突，而准备了法国葡萄酒（香槟）进行座谈，以等待各自政府的指令。葡萄酒会显露了双方真实的想法，即双方都在竭力避免战争。

体育的规则

19 世纪中后期，随着铁路、邮政、全国报刊的普及，英国各项国家事业开始了标准化，其中最显著的是国民体育规则的制定，且随后这些规则走向了全球。

足球原是中近世在英国乡村盛行的粗鄙游戏，每个村庄、每个学校都有各自的本地规则。随着 19 世纪全国性交流的增加，人们已经认识到其中的不便和调整的必要性。1863 年，首先出现了英式足球（soccer）规则，包括将观众和选手分开、在长方形的平坦球场上进行比赛以及每队 11 人及守门员以外的选手不能用手触球。而反对这些规则的拉格比公学等精英学校的学生和地区俱乐部，于 1871 年制定了每队 15 人，并允许所有队员用手触球和抱摔的拉格比足球（橄榄球）规则（不久，美国的学生对其修改后制定了独立规则）。

板球的近代规则制定于 1864 年，1876 年开始举办国际比赛。

这些团体球赛迅速扩散到了英国的殖民地和自治领地，国际对抗赛对凝聚国民认同感、竞争意识和联合活动具有重要意义。就足球来说，英格兰、威尔士、苏格兰和爱尔兰之间的“国际”比赛始于 1872 年。“national”所包含的“民族的”“国民的”和“全国的”三个含义，无不直接体现为团体体育比赛中的主队认同。不仅如此，正如格拉斯哥有凯尔特人和流浪者队、曼彻斯特有曼联和曼城队一样，不同的足球俱乐部已成为体现城市劳工大众复合性认同的代表。

虽然英国最早的高尔夫俱乐部在1754年便于苏格兰的圣安德鲁斯成立，但是全国冠军赛是从1860年开始的。1864年，牛剑两大学之间进行了第一届田径对抗赛。而1869年，昆斯伯理侯爵为拳击运动制定了规则。

近代网球规则的确立是在1875年，温布尔登网球公开赛始于1877年。网球在性别方面很特别，最开始女性也能平等参与。富裕男女沉浸于混合双打的乐趣，构成了E.M.福斯特的小说《看得见风景的房间》中的重要场景。

类似的近代体育规则几乎都是在19世纪六七十年代在英国确立之后，演变为国际体育规则的，这种现象不是偶然的。对于近代世界的任何事物，如果初始设定即为具有一定经验合理性的规则，则“默认值”即成为既定规约。在世界体系的中枢，初期设定的游戏规则具有普遍性并走向全球化是必然的，从主权国家之间的战争与和平规则，到今天的信息技术标准亦是如此。

④ 国际问题和国内问题

贸易收支与经常收支

在整个19世纪，英国出口品中位居第一位的是纤维，特别是棉纺织品；第二位是钢铁；随着时间的推移，机械和煤炭也随之上升，竞逐第三、四位。但A.H.伊姆拉指出，英国的制造业在受到美国和德国的竞争而被迫陷入苦战之前，其贸易收支已经开始出现赤字（入超）。这是因为出口量的确很大，但进口量增加更为迅速。我们在第7讲中提到过工业革命曾经是英国应对贸易赤字的对策，虽然在当时达成了目标，但现在已经时过境迁。

从英国的经常收支来看，整个19世纪都是黑字，而且还在19世纪下半叶出现了大幅上升。支撑这一增长趋势的是海运业、保险业和海外投资的“贸易外收支”。不列颠治世的繁荣不是靠“制造”，而是由海运、保险和金融支撑。作为世界贸易商人、海运业者、金融业者，商业才是英国财富的源泉。即便是制造业者，也希望早日变成依靠债券和股息生活的人，甚至晋身为大地主。

伦敦金融界是 P. 凯恩和 A. 霍普金斯所说的“绅士资本主义”的具体代表，白芝浩（Walter Bagehot）的《伦巴底街》（1873）就是关于作为世界银行的伦敦货币市场动向，以及中央银行如何应对金融危机的著作。书中揭示了由法人而非个人庞大的流动资金驱动的金融实态和造成的恐慌，并指出了应对之策。

精英学校

对于 19 世纪的英国新旧精英来说，虽然大学毕业（学位）不一定是必要条件，但对男子来说，毕业于由公益基金设立的名校仍然是众望所归。初等教育终于依托 1870/1880 年的《教育法》得以普及，但形式是多种多样的。正如松冢俊三介绍的那样，社会上存在各种各样的教育实践。

由于此前对公益团体所作的调查中最受重视的就是学校，中近世以来依靠公益基金运作的学校和学院（相当于日本的学校法人）的财政说明义务被问题化。因此在 19 世纪下半叶，历史上的基金立学校中，只有九所获准成为“公学”，并且对其课程和财政的监察状况会定期汇总成报告书进行上报。甚至牛剑两大学也需要提交同样内容的调查报告，这也促进了两校的改革。

无论是中近世创立的大学还是“公办学校”，都不能只靠过去的荣光在一个大变革的时代生存。这些学校不仅接受调查委员会的监察，拉格比公学的阿诺德、贝利奥尔学院的贾维特、纽纳姆学院的希奇维克等优秀校长还领导各自学校进行了自主改革，使其作为近代精英培育机构获得了新生。另外，从 1870 年开始对国家公务员的高级职位实行录用考试制度，这对开设相应课程的公学及牛剑两大学是有利的。由此，“天生的统治者”与“工作者和实干家”通过同学会的人脉，稳固了柏克所说的“过去和现在的搭档关系”。

所有寄宿制精英学校基本都采用小班授课，其教学模式侧重于通过古典语言、体育、会餐、公共精神和美德对学生进行充分的涵育，课堂教学几乎只是陪衬。所谓“君子博而不精”，精英教育的理想不是培养专业职人，而是能应对任何课题的文艺复兴式的全面人才。

在体育方面，英国社会也没有刻意培养职业选手（player），而是以绅士（gentleman）运动为理想形式。这种文化价值观是 19 世纪社会转型期的欧罗巴精英所共有的。

正因如此，在1896年现代奥运会创立时，“参与精神”才被高度提倡。

工人的自助与工会

19世纪的工人不只是资产阶级的剥削对象，他们身上还具有特有的自豪感和共同性。近世以来，他们依靠集资成立了各种团体和互助组织，并且在《慈善信托法》的范畴内得到了认可。

罗伯特·欧文（1771—1858）生于威尔士，曾在曼彻斯特的棉花工厂担任经理，在苏格兰的新拉纳克设立了工厂村，并在美国实践了乌托邦构想后，回国成为合作社运动的创始人、参与了全国统一工会的创立。他的构想既包含了人类的创意和共同体伦理，同时也考虑到了与自然环境的协调，令后来的马克思、恩格斯、列宁都钦佩不已，是一个富有先见之明的乌托邦社会主义者。

在这样的情况下，熟练工人们开始致力于结社运动，在1851年已经组成了“机械工人混合工会”。1868年，来自全国各地的34个代表在曼彻斯特召开了“英国总工会”（TUC）成立大会。从此，拥有熟练技术和自豪感的体面工人团结在了一起，虽然他们有时也被称为“工人贵族”团体，但仍然大大提升了工人组织的存在感。与此同时，一些工人的自助团体和新教福音传教主义相结合，借“节酒/禁酒运动”广泛渗透，成为支持自由党的基本盘。

1871年，《工会法》的实施保障了英国工人的团结权和工会的合法地位。然而，森建资指出，貌似明确的法制条文中对雇主（master）和雇工（servant）的阐述，不仅推动了现代性“雇佣关系的生成”，而且提供了其长期存续的框架。比如在1901年的塔甫河谷罢工事件中，铁路工会的名称即为“Amalgamated Society of Railway Servants”（铁路雇员联合会）。

到19世纪末，随着苏格兰的格拉斯哥和爱尔兰的贝尔法斯特的产业重要性逐渐增加，来自这些地区的工人运动家和社会主义者也逐渐增多。

与德国的交流

由于俾斯麦的国际平衡战略，德国与维多利亚时代的英国互动良好，英德之间的人际、文化、学术等各方面交流都非常频繁。沃尔特·斯科特的故事受到德国读者的欢迎，德国和奥地利的浪漫主义音乐在英国也受到了热烈追捧。

此时，德意志帝国（1871—1918）已在科学技术、学术诸领域领先世界。就拿历史学来说，兰克在柏林大学的讲座与《史学杂志》的史料批判和国民史成果，使得法国、意大利、英国、日本、美国都依次跟随了他的研究路线（拙著《文明的表象 英国》）。经济学乃至社会政策学方面也一样，19世纪转型期的德国和奥地利（中欧）是英国相关知识的源泉。

英德学术交流的例子不胜枚举。受到德国哲学的影响，托马斯·希尔·格林等学者，将自由放任与国家干涉、个人主义与集体主义作为课题，进行了深入研究。德国的卢霍·布伦塔诺等顶尖学者曾组成产业情况调查团访问英国，而英国方面也有学者调查德国的社会问题和社会政策。西德尼·韦伯（1859—1947）致力于工会史研究，也是受了布伦塔诺“工会起源论”的启发。

比阿特丽丝与张伯伦

韦伯的妻子比阿特丽丝·波特（1858—1943）是与南丁格尔截然不同的女性，她在日记中坦率地留下了许多关于“维多利亚式”性别规范的证词。

比阿特丽丝也是在非国教徒的富裕资产阶级家庭中长大的。祖父波特是曼彻斯特的第一任市长，也是反《谷物法》同盟的活动家。她也没有上学，而是跟着家庭教师学习了音乐、美术、法语、德语、文学、数学、哲学、经济学等。她一生有女仆相随，生活没有任何不便，但关于信仰与科学、自由与公共性、男性与女性等问题的想法始终困扰着这位千金小姐。

1883 年，她在一次晚宴中邂逅了约瑟夫·张伯伦（1836—1914）。当时她 25 岁，身材高挑又聪明漂亮。约瑟夫 46 岁，第一任妻子和第二任妻子都因生产而死去。用她的话来说，他是一个充满了“能量和吸引力”的美男子。约瑟夫与比阿特丽丝同是“一位论”派的富裕布尔乔亚，他曾在伯明翰市长的位置上通过积极整备基础设施取得了优异的成绩，被格莱斯顿推荐为自由党议员，现已官至通商大臣。

继 1867 年的城市工人（男）之后，1884 年的农村工人（男）选举权范围也得到扩大，这正是政党政治的形态发生变化的时期。根据比阿特丽丝的说法，演说会上的约瑟夫和听众是这样的：

> 当他迅速登上讲台时，群众顿时沸腾起来。他一开口，听众已经凝为一体，对他的想法、感情、语调、讽刺等一切都做出生动的反应，就像倾听恋人说话的女人一样。

比阿特丽丝就是那个女人。她爱上了约瑟夫，但作为“未来首相”的夫人，她被期望成为一个美丽、有能力且顺从的妻子，而她发自独立人格的想法、发言和行动并不被外界期待。“乔”（约瑟夫的昵称）的魅力，“用一句话来说就是最高级的男性力量”，引起了这位接受过充分教育的女性自我意识上的反抗，并且这与她“政治的基本应是科学”的理念也完全不合。

最终，比阿特丽丝以撕裂般的心情抽身而退。此后，她志愿担任了查尔斯·布斯的社会调查助手，专注于对伦敦东部的贫民和港湾劳工状况的研究。张伯伦则与第三任妻子结婚，后因与格莱斯顿首相对立，离开了自由党。1886 年以后的 20 年，围绕着爱尔兰自治、殖民地、关税等问题，英国政界风暴不断。

韦伯夫妇

1890 年，比阿特丽丝在布斯家遇到了地方公务员、社会主义者西德尼·韦伯。已经是费边社重要成员的西德尼比她小一岁。比阿特丽丝在日记中直白地记录了对他的感受：

> 他是一个很厉害的小男生，头很大，有一个与百

科全书一样博学多识的大额头。他穿得太久的黑色大衣闪着旧光。一只犹太鼻子，说话有口音……但是，我喜欢这个人。他讲话直率，心胸宽广，想象力和内心的温暖更是没有界限。虽然比在座的任何一个人脑筋转得都快，但却一点也不耍威风。

第二天的日记很长，长达三页，她像在提醒自己一样记录道：

> 我成了社会主义者。那也不是因为想改善大众的生活条件，而是因为我相信只有共同拥有生产资料，才能实现完美的个人发展。换句话说，完美的社会主义才符合绝对的个人主义。总有一天，我会站在街头的讲台上进行演说吧。

就这样两年后，“在所有地方与张伯伦正好相反”的“癞蛤蟆”和比阿特丽丝结婚了，当年她 34 岁。由于比阿特丽丝每年都可以从父亲的遗产中得到 1 万英镑的非劳动收入，西德尼便辞职与她一起专心工作。初次见面就马上对西德尼产生同志意识的比阿特丽斯在日记中写道：“我只记着要和他的头脑结婚。”她决定不生孩子，取而代之的是 50

年间，二人合著了38部公开著作。其中一半是以史料调查为基础的巨著，内容涉及工会、产业民主制、福利、地区行政、漫长的18世纪等课题研究，至今仍是必读书目。

世纪末的衰兆，社会主义与性

从比阿特丽丝遇见张伯伦的1883年，到与西德尼结婚的1892年，九年间像暴风雨一样摇曳的不仅仅是她的心，整个世界也都处于动荡之中。

随着第三产业和行政事业的扩大，在原来的资产阶级和工人之间产生了事务劳动者（白领）阶层。他们的居住地随着公共汽车、有轨电车、郊外电车，甚至地铁（伦敦地铁开通于1863年）的延伸而扩大到城市近郊。这是一个被并不简陋但规格一致的衣食住行包围的大众时代。

在《资本论》全三卷没有完成的情况下，马克思于1883年在伦敦去世。海因德曼的“社会民主联盟”（SDF）虽然强化了社会主义运动的性质，但宗派主义严重，导致影响力不足。1884年，威廉·莫里斯和马克思的女儿艾琳娜分裂，建立了“社会主义者同盟”（SL），并发行了《公共福利》杂志。这是一本带有民族主义色彩的革命杂志。但莫里斯自身反而是浪漫主义者，他在出版业和“工艺美术运动”中留下了大量足迹。他的《约翰·波尔的梦》把1381年的遗憾记忆与美丽的版画一起重现给了世纪末的人们。

1884年在伦敦东部的大学生创办了名为“汤因比馆”的贫民救济机构。这其实是基于布斯和比阿特丽丝的社会调查才有的项目和设施。布斯在调查结果的基础上，以标准家庭（五人）每周21先令的规则性收入（年收入超过50英镑）为基准，若不足该数字即为“贫困”，这样的贫困家庭在世纪末的伦敦居民中约占三成。乔治·伯纳德和韦伯的“费边社”也成立于1884年。1887年在特拉法尔加广场发生了武力驱散失业人群的“血腥星期日”事件。同年，柯南·道尔的《夏洛克·福尔摩斯》开始连载，紧接着于次年又发生了“开膛手杰克”事件。

青年甘地（1869—1948）当时在伦敦的法律学院留学，1891年毕业后获得了辩护律师资格，曾在印度和南非开业。作为帝国臣民的他，可以在英帝国内的任何地方居住和营业，相当于古罗马的公民权。就像是对殖民统治的补偿一样，作为帝国臣民（一部分）可以享受英语教育和从事专业性职业，这是一种带有“后罗马时期的普遍性”的公共财产。

19世纪下半叶，关于女子教育、成年女性的所有权、参政权等问题的推进非常缓慢。而围绕发生在维多利亚式核心家庭中的暴力、离婚、性病的对策则带有政治性。对此，福塞特妇人于1897年组织了“全国同盟”，将高涨的妇女参政权运动加以整合，推动了运动向纵深发展。潘克赫斯特夫人和她的女儿则从1903年开始在“妇女社会政治同盟”中反复发出“不要说话，行动！”的口号，鼓动女性以实际行动争取权利。

1861年，同性恋在英国已经免于死刑，此后由于西蒙斯的《希腊伦理中的一个问题》（1883）等著作的介绍，使希腊古典时期广泛存在同性恋现象的历史广为人知。此外，在英国，成人的性交易并不违法，只有为了拉客沿街纠缠和骚扰之类的行为才是犯罪，这充分说明当时法律的服务对象是有头有脸的绅士、淑女。但是，奥斯卡·王尔德却在1895年的民事诉讼中从原告被逆转为被告，并因“严重猥亵罪”被追究刑事责任。而且该案原本的被告正是为拳击运动制定规则的昆斯伯理侯爵。当然，稀罕之事必然会成为社会热门话题。

GOM型政治的终结

格莱斯顿作为首相工作到1894年（84岁），他为阻止防卫费增加、自由贸易与和平、小政府和爱尔兰自治而竭尽全力。为了应对选举权向工人开放后英国进入的大众社会时代，他利用铁路网在全国四处奔走进行演说，以纠合舆论。无论是牛津大学、曼彻斯特市，还是爱丁堡，在重要选区他都亲自出马，并取得了胜利。对政敌来说，他是一个伟大的老政治家（Grand Old Man，GOM）。

尽管如此，在与张伯伦分裂后，自由党未能单独取得过半数席位，他们不得不与联合爱尔兰国民党（拥有 80 多个议席）联合，拉拢激进派和工会运动家（livlov 派）以维持政权。爱尔兰自治、国际和平、小政府虽然是格莱斯顿的信条，但随着年龄的增长，其政权的选择空间也越来越窄。

虽然通过了赋予爱尔兰内政自治权的自治法案，但这并不仅仅是爱尔兰的问题。早在 1867 年，加拿大联邦就被确立为自治国家。苏格兰人、威尔士人、印度人都在关注法案的成败，并展开了运动。然而 1890 年，支持格莱斯顿政权的爱尔兰国民党精英领导人帕内尔因丑闻下台。与格莱斯顿—帕内尔式政治路线不同的是，1893 年，都柏林成立了“盖尔人联盟”，并成为盖尔文化复兴运动的集结点。这不但引发了苏格兰、威尔士和美国的凯尔特复兴运动的联动，而且推动了全欧洲的浪漫主义 / 民族主义的高涨。

保守党方面，伦道夫 · 丘吉尔在索尔兹伯里侯爵内阁中横空出世，他在 36 岁时便担任印度大臣，37 岁时又任财政大臣，仿佛是迪斯雷利再生一样被寄予厚望。伦道夫家除其自身在政界活跃以外，其在美国出生的美丽妻子珍妮在社交界也忙得不可开交。而长子温斯顿则是一个不接受条条框框约束的少年，此时他正在全寄宿制的学校过着渴望见到父母的日子，为此，他几乎每天都是在焦急地写信中度过的。

早在 GOM 去世（1898）之前，格莱斯顿自由主义的命运就已经终结了。坚持自由主义的君子们在履行文明、信仰和正义、自助和自由贸易等冠冕堂皇的贵族义务中，有关爱尔兰、贫困、经济变动、国际收支、国防、殖民地、社会主义、性别和性等现代诸问题都没有得到解决。相反，有关国家利益和大众利益分配的运动却有了一定程度的抬头之势。问题还不只这些，木畑洋一指出，“帝国 / 大国意识”不仅存在于保守党—爱尔兰统一党的政府中，也广泛地渗透进了自由主义资产阶级、知识分子、社会主义者和劳工大众中。

所有这些都是在 20 世纪所面临的议题。

第9讲

帝国与大众社会

丘吉尔与女王一家庆祝欧洲胜利日（1945年5月7日）。站在白金汉宫前的是丘吉尔首相和乔治六世夫妇。左边是伊丽莎白公主（后来的伊丽莎白二世），右边是玛格丽特公主。

大事年表

1899 年	南非第二次布尔战争（—1902）
1900 年	夏目漱石滞英（—1902）；丘吉尔进入政界
1901 年	澳大利亚联邦成立；爱德华七世（—1910）即位；塔甫河谷罢工事件裁决
1902 年	日英同盟（—1923）
1903 年	“田园城市”建设开始
1906 年	工党在议会选举中当选 29 人
1907 年	新西兰成为自治国
1908 年	阿斯奎斯就任首相（—1916）；《养老金法案》实施
1910 年	财政大臣劳合・乔治编制人民预算；南非联邦成立
1912 年	泰坦尼克号首航沉没
1914 年	第一次世界大战爆发（—1918） 《爱尔兰自治法案》通过，但被悬置
1916 年	复活节起义；《兵役法案》通过 劳合・乔治就任首相（—1922）
1917 年	十月革命；贝尔福宣言
1918 年	30 岁以上的女性获得参政权
1919 年	巴黎和会，《凡尔赛条约》签署 阿姆利则惨案；《印度政府法案》通过
1922 年	爱尔兰国成立；爱尔兰内战开始（—1923）；英国广播公司成立

续表

1924 年	工党执政，麦克唐纳出任首相（—1924，1929—1935） 福斯特发表《通往印度的道路》
1928 年	男女平等的选举权
1929 年	世界经济危机
1936 年	王位继承危机，乔治六世（—1952）即位；凯恩斯发表“有效需求论”；企鹅书系开始出版
1939 年	对德宣战，第二次世界大战爆发（—1945）
1940 年	丘吉尔出任首相（—1945，1951—1955）
1942 年	“贝弗里奇报告”的社会保障构想出炉，但“二战”结束前一直被悬置
1945 年	“二战”结束，工党在议会选举中取得压倒性胜利（翌年开始，开始实施社会保障和国有化等措施）
1947 年	印度、巴基斯坦分裂独立
1948 年	《国籍法》重新确认了帝国臣民和英联邦市民的入境权 南非开始实施种族隔离政策
1949 年	爱尔兰共和国成立，并脱离英联邦
1952 年	伊丽莎白二世（至今）即位；原子弹爆炸实验成功

❶ 世纪的转换

20 世纪不祥的开始

20 世纪是一个转换期，如果将前一个世纪发展的高潮看作一个“Belle Époque”（美好年代），那么退潮便在“世纪末”，但此时新的征兆也越来越明显。夏目金之助（漱石）在日记中记下“巴理（巴黎）的繁华与堕落令人震惊”之后，于第五天抵达伦敦。那是 1900 年（明治三十三年）10 月 28 日晚上的事。那一次逗留，夹着世纪之交长达两年。

29 日，漱石在不知道方向的情况下到处走着，“被困在了迎接南亚归来的义勇兵的拥挤不堪的人群之中”。在南非与荷兰系殖民者进行战争（1899—1902）期间，他同样遇到了迎接归国士兵的人群。此前，在 10 月 24 日的大选中，由殖民大臣张伯伦领导的主战派统一党和保守党通过联合执政保住了政权。那时英国还没有征兵制，士兵都是志愿兵。

1901 年 1 月 23 日，他在日记中写道："昨夜六点半，女王驾崩。"后面的内容用的是英语："所有城镇都在哀悼。新世纪的开端相当不吉利……"

"新世纪的开端相当不吉利"，意味深长。"女皇"维多利亚的后继者正是那个王储爱德华（七世，1901—1910 在位）。此后英国为了耀眼的钻石和黄金，陷入了南非布尔战争的泥潭，又向中国出兵。在此之前，自由党的工会运动家们（livlov 派），在 1900 年秋季的议会选举中作为工人代表委员会的独立候选人成功当选。另外，关于 1901 年威尔士塔甫河谷（Taff Vale）铁路公司的劳动争议，司法裁决的结果是不承认罢工（纠察）权，并命令铁路工会赔偿损失。根据松村高夫的研究，针对该事件的抗议活动没有就此结束，自由党政权的判决也在 1906 年被推翻，并由此推动了工党的创立。

布尔战争成为两位战地记者人生的转折点。J.A. 霍布森曾作为《曼彻斯特卫报》的记者从军，回国后在《帝国主义研究》（1902）一书中提出，帝国主义的本质是资本主义国家因国内财富不平等导致消费无法增长，而到海外寻求市场和投资机会，并就此创建了"厚生"经济学。没有霍布森，就没有列宁的《帝国主义论》（1916），也就没有凯恩斯的有效需求论（1936）。而丘吉尔也曾作为《晨报》的记者，经历了战火、被俘、越狱等磨难后，在 1900 年 10 月的大选中当选保守党议员，自此步入政界。

英国与日本

夏目漱石滞英期间，保守党索尔兹伯里内阁于 1902 年 1 月与日本缔结了“日英同盟”。此时英国不但在南非的战争已经演变为游击战，还面临与德国的军备和造舰竞争，以及与俄罗斯在北海和亚洲各地的对峙。在国际关系各方面都陷入持续紧张的情况下，英国开始调整“光荣孤立”的政策，在同德国的同盟交涉失败后不久，即于 1904 年结成了“英法协约”。

印度和日本的经济关系也很微妙，在中国市场，英国棉纱已经被印度棉纱和日本棉纱取代。在世纪转换期，英国的关键产业在亚洲的对手，既不是德国也不是美国，而是印度和日本。高村直助、川胜平太、杉原薰等人的研究都指出了这一点。

尽管如此，正如我们之前谈到的，与棉纺织业、钢铁、机械、煤炭一起领导着整个英国经济的，还有海运、保险和金融。在上海，P&O 公司和上海汇丰银行（HSBC）等公司气派的办公楼鳞次栉比。在甲午战争（1894—1895）中获胜的日本，把两亿两白银的赔偿金悉数委托给英格兰银行作为准备金。换个角度看，对于英国的中央银行来说，日本的资金也成了其资产的组成部分。在霸权国家英国采用金本位制以后，日本也于 1897 年开始效仿跟进。

到日俄战争（1904—1905）为止，日本军舰主要购自位于纽卡斯尔的阿姆斯特朗公司，并且在伦敦数次为筹措军费发行政府外债。对英国投资者来说，不断增值的日本债券具有很大吸引力。虽说对于“Junior partner”（小伙伴）的说法不用太过在意，但“大英帝国”确实把日本当成了在自己身后缓缓跟随着的“舍弟”。

坡上的日本

的确，近代日本的崛起速度是惊人的，1894 年和 1911 年，日本如愿解除了“不平等条约”。日本邮船（NYK）在亚洲航线和旧金山航线上与英国 P&O 公司、美国太平洋邮船等展开竞争，努力实现了以萨摩号战列舰（1905—1910）为代表的主力舰国产化。但由于无畏舰（1906）的出现，转而更新超弩级战舰的日本，站在了急速发展的世界造舰竞争的正中央，不得不同时向阿姆斯特朗公司和维克兹公司发出订单（包括图纸的取得）。在这种情况下，发生了西门子·维克兹行贿事件。其原委已由奈仓文二、横井胜彦、小野家知二共同研究得出。

坡上的日本在文化上也接受了英语和英国。中学以上的英语教育就更不用说了。夏目漱石的前任，就职于东京帝国大学英文系的教师小泉八云（Lafcadio Hearn），最早作为美国新闻记者来日，父亲是毕业于都柏林特里尼提大学的医生，母亲是希腊人，父母离世后，由信仰天主教的婶婶抚养长大。也就是说，他是在爱尔兰新教精英、希腊东正教徒和罗马天主教的融合环境中长大成人的。在多元化的美国城市新奥尔良辗转后，他来到日本。在东大上任后，“赫恩老师”的课由于很有趣，迅速吸引了明治时代的日本学生。

以文部省规定的“唱歌”课为例，“萤光”（Auld lang syne）、“故乡的天空”（Comin' thro' therye）、“庭院的千草”（The last rose of summer）等凯尔特的歌声回荡在日本列岛的学校中。就连“我的爱人在海的那边”（My bonnie lies over the ocean）和“罗蒙湖”（Loch Lomond）这样的詹姆斯党歌曲（当时并不这么认为？）也在近代日本学校中被公然传唱。凯尔特复兴运动，在明治、大正的日本学校里也有回响。这个“近代传统”虽然曾一度中断，但因20世纪50年代日本广播协会广播的“基础英语”节目再次得以延续。那些声音在学校教育以外也得到了广泛接受，甚至被“丹尼男孩”和甲壳虫乐队继承了下来。

帝国与自治国

对英帝国及殖民地史的研究在日本很盛行，以《日英交流史 1600—2000》五卷本及《英帝国与 20 世纪》五卷本为代表，侧重印度研究的秋田茂也著有《英帝国的历史》，井野瀬久美惠、北川胜彦编著的《非洲和帝国》使用了英国议会档案讨论非洲史，小川浩之的《英联邦》概述了英联邦的历史，木畑洋一的《英帝国与帝国主义》则从方法论的角度进行了论述。本书亦非屋下架屋，主要从政治社会秩序的观点出发对英国历史进行考察。

1901 年即位的爱德华七世的正式称号是“蒙上帝庇佑的大不列颠及爱尔兰联合王国和所有海外自治领的国王，信仰的守护者，印度皇帝”。早在 1876 年，维多利亚女王的称号中便已加入了“印度皇帝”。印度民族起义（1857—1858）以后，莫卧儿帝国和东印度公司解体，印度亚大陆成了英王的直辖领地。此后英国政府依照第二次迪斯雷利内阁（1875—1880）的提案，将“印度皇帝”的头衔赠予女王，并向当地派驻“副王”。将该头衔置于国王正式称号的最后，表达了英属印度作为“王冠上最闪耀的宝石”的特殊定位。

“海外不列颠人自治国”最初是指加拿大和澳大利亚，不久之后，新西兰、南非、爱尔兰也加入其中。此外，“dominion”在过去被翻译成“自治领”，但强调从属性的“领”放在这里并不合适。虽然，它们都是承认英国国王的君主国家，但各自拥有内政和责任能力（议会和内阁），并且从1911年开始拥有独立的海军，到1923年已彻底成为有权缔结国际条约的独立国家。

1887年，为庆祝女王继位50周年的纪念仪式而召开的殖民地会议，后来成为实质性的讨论场合，名称也从1907年确定的“帝国会议”，到1944年更名为“英联邦会议”。Commonwealth或Commonweal本是近世以后出现的与“公共善”相关的重要词汇，并于19世纪末开始出现在体现社会主义共同体的语境中。然而到20世纪中叶，却被摸索帝国主义国际秩序的精英们巧妙地“劫持”了。

1926年的帝国会议公布了《贝尔福报告书》，并以此为基础于1931年制定了《威斯敏斯特宪章》，倡导各自治国共同参与以“自由平等”为原则的联合体。自此以后，英联邦便由拥有国家主权的自治国家和处于从属地位的殖民地的双重结构组成。同时期研究殖民政策的矢内原忠雄（东京帝大）及研究国家理念的铃木成高（京部帝大）等日本学者也开始关注英联邦的走向。

泰坦尼克号

第一次世界大战前夕，最新汽轮泰坦尼克号在连接英美的北大西洋定期航线上沉没，戏剧性地预示了英国社会的盛极而衰。1912 年 4 月 10 日，一艘刚刚在贝尔赫斯特造船厂完工的豪华客轮（船籍为利物浦）驶往英法海峡一侧的南安普敦港，并由此出发，先抵达法国的瑟堡港，再经由爱尔兰的科夫（皇后镇）港，朝纽约航行。这是该船的处女航，全船总共搭载了 2224 名乘客和船员，但行进到第五天深夜时因撞上冰山，于次日未天明时沉没。

正如电影《泰坦尼克号》所呈现的那样，该船全长 269 米，共分 10 层，从上到下分为一等客舱、二等客舱、三等客舱。乘客涵盖了从哈佛大学毕业的 H.E. 怀德纳及其父母这样的富裕阶层、举家迁往美国的欧洲移民家庭，到单身工人等各种各样阶层、职业、出身的男女。按照船上的构造，不同等级的乘客被分隔在各自的区域，尽量不相互接触。这里不是迪斯雷利的“两个国民”，而是“三个国民”在巨大的客轮中，按字面意思划分的阶层，过着毫无交集的生活。影片讲述了凯特·温丝莱特饰演的一等舱富家小姐和莱昂纳多·迪卡普里奥饰演的三等舱波希米亚移民，超越阶层的爱情故事。

在将人群向救生船疏散时虽然遵循了“妇女儿童优先”的原则，但事实是，这一过程极为混乱并带有阶级性。实际上，由于出航之前发生的全国煤炭罢工，有不少乘客取消了行程，泰坦尼克号的这次处女航行离满员仍相差很远。其搭载的 20 只救生船共计可以容纳 1100 人，虽然不能覆盖全体乘客和船员，但相对于其中 511 名妇女儿童来说，仍然有两倍以上的富裕。但是，从妇女儿童的实际死亡人数来看，一等客舱 150 人中死亡 5 人（3.3%）、二等客舱 117 人中死亡 13 人（11%）、三等客舱 244 人中死亡 141 人（58%），其中的阶级差异是显而易见的。

新自由主义

政治活动是不能对这种阶级社会放任不管的。继承迪斯雷利传统的“托利党民主派”打出“阶级调合”和“一个民族”的目标，伦道夫的儿子温斯顿·丘吉尔（1874—1965）呼吁对君主制和国教会进行整合和改革。而张伯伦的统一党将国内产业保护作为国家政策，从“社会帝国主义”的立场出发，站在了民众中对外强硬派的立场上。

早在1895年，韦伯夫妇就致力于在伦敦创设高等政经教育机构——伦敦政经学院（LES）。1909年，他们提出倡议："文明国家生活的最低限度，是要保障两性及一切阶级的所有人。"韦伯夫妇在这个时期的研究助手是威廉·贝弗里奇，他们于1913年创办了左派周刊《新政治家》。

在此期间维持自由党执政的是坎贝尔·班纳曼（首相，1905—1908在职）、阿斯奎斯（首相，1908—1916在职）、戴维·劳合·乔治（首相，1916—1922在职）等优秀人才。特别是戴维·劳合·乔治，历任贸易大臣（1905）、财政大臣（1908）、军需部长（1915），1916年成为首相后，又设立了老龄、健康、失业保险度等制度，推进了联合王国委任统治权限扩大，也曾为"一战"、巴黎和会、殖民地统治等难题殚精竭虑。

劳合·乔治和凯恩斯（后述）的"新自由主义"，表现出自由党应对世纪转换期开启的大众社会和国际形势的危机意识。这是对19世纪个人主义和自由放任政策的放弃，旨在通过国家干涉建立福利制度并支撑战争，也是对贫困、工会、社会主义、自治运动的对应举措。新自由主义思想通过《曼彻斯特卫报》逐步扩散，该报主编和总裁C.P.斯科特起了很大的作用。曾提出将社会作为有机体，倡导"公共善"的牛津大学伦理学教授格林，被奉为新自由主义鼻祖。新自由主义吸收了德国的社会思想和政策，但与今天的新古典自由主义（neo-liberalism）不同。就连温斯顿·丘吉尔在1904年到1922年期间都是自由党议员。

如果将世纪转换期的自由主义者劳合·乔治与皮特、皮尔、格莱斯顿相比较，这四位都是倡导自由主义下自由贸易主义，被既得权益束缚的政治家。但由于他们都具有强烈的个性，又有以下几点不同。后三者都是英格兰人、牛津或剑桥大学的优等生、国教徒，他们的首要目标是自助和小政府（符合财政规律）。而劳合·乔治是威尔士人，不仅没上过牛津、剑桥，而且是个连大学都没上过、从基层打拼上来的非国教徒（其前任阿斯奎斯虽然也是非国教徒，但经过苦读进入了牛津大学，在学期间曾获古典学首席殊荣，并担任了学生自治会主席）。他曾在考察德国后倡导福利和军备优先，于1909年以累进税为基础提出"人民预算案"，并在该预算案的审议过程中推动通过了1911年的《议会法案》，令对抗势力的堡垒贵族院（上院）从属于平民院（下院），使英国得以在1914年的"世界大战"开始时，以"大政府"进行全力动员。

印度之行

爱德华·摩根·福斯特（1879—1970）是剑桥大学的自由知识分子，因其家境优渥，一生拥有丰富的海外旅行经历，并写过不少相关的文字。他是同性恋，参与了布卢姆斯伯里集团（后述）和人民战线。他的《莫里斯》（1910年开始执笔，死后出版），描写了美丽的风景中剑桥学生宿舍的同性恋。即使你不是莫里斯，从剑桥大学开始沿剑河逆流而上，走到格兰德切斯特村的“果园”茶店，也有机会看到挑剔的伯特兰·罗素老师和维特根斯坦正讨论着数学、哲学或是语言学问题，甚至可以脱掉衣服走进水中嬉戏一番。那里是草光俊雄《黎明的圆号》中“二流诗人”也曾到过的地方。

然而，生于印度的吉卜林在1889年有过这样的文字：

> Oh, East is East, and West is West, and never the twain shall meet.

“东方就是东方，西方就是西方，这两者永不会相遇……只有来自地球两端的两个强者的对峙，面对面站立。”在这首达观的诗作发表的12年前，J.塔塔在印度创办了棉花纺织工厂，四年前，“印度国民大会党”（国大党）宣告成立。

福斯特第一次去印度旅行是在 1912—1913 年。他的《印度之行》(1924 年出版)以富有而纯真的英国少女阿德拉在印度的经历和困惑，以及菲尔丁和阿齐兹这两个男人的友情，对英国人和印度人的关系进行了雄辩式的阐述。在小说的结尾，纠纷事件审判过后两年，两个男人骑马相遇(电影中没有这个重要的场面)。让人联想起吉卜林“东方就是东方，西方就是西方”的场景设定，自由主义的英国教师菲尔丁拉起近代印度医生阿齐兹的手，这样说道：

> 为什么我们现在不能做朋友？这是我想要的，也是你想要的。
>
> 但是，两匹马不想要这样。大地不想要这样。

叙述者是烦恼的福斯特。从最初在印度旅行时构思这部小说到完成，花了整整 11 年。为了比吉卜林做出更深一步的思考，福斯特需要再三反刍自己的印度经验。然而在此期间，发生了第一次世界大战(1914—1918)，其后又有 1919 年的阿姆利则惨案，还有那位律师甘地发起的“不合作运动”。

❷ “大战”与英国

巨大的牺牲，巨大的变化

无论访问英国的哪个城镇或社团，最显眼的地方都是“The Great War”战殁者纪念碑。我们所称的“第一次世界大战”，英国人用定冠词称呼它为“大战”。光是这场战争巨大的牺牲人数，便已成为国民的精神创伤。伦敦威斯敏斯特战殁者纪念碑是超越宗教派别的现代主义建筑。表 9-1 中所列的是两次世界大战造成的死亡人数与人口比例（德国、奥地利、俄罗斯特别计算），英国在第一次世界大战的死亡人数（就人口比例来看）是第二次世界大战的两倍多。这就使得英国人和日本人对两场大战的感觉截然不同。

在通过短期决战结束这场“大战”的想法落空后，欧洲各国不得不在四年多的时间里对各自的新技术、生产力和人

表 9-1 第一次世界大战与第二次世界大战

	第一次世界大战（1914—1918）			第二次世界大战（1939—1945）		
	军人死亡	平民死亡	人口比	军人死亡	平民死亡	人口比
德国（帝国）	205 万	43 万	3.8%	500 万 ±	200 万 ±	9.0% ±
奥地利（帝国）	110 万	35 万	3.1%			
俄罗斯帝国 / 苏联	200 万 ±	150 万 ±	2.0% ±	1000 万 ±	1500 万 ±	14.0%
法国	140 万	30 万	4.3%	22 万	35 万	1.4%
英国（UK）	89 万	11 万	2.2%	38 万	7 万	0.9%
自治国	16 万	—	—	11 万	—	—
印度	7 万	—	—	9 万	—	—
美国	12 万	—	0.1%	42 万	—	0.3%
日本	—	—	0%	212 万	75 万 ±	4.0% ±

由于上表数据由多个来源集合而成，在战死人数中，尤其是非职业军人（平民）的数据差异较大，部分数据取中间值表示为 ±。1 万以下的数字四舍五入或忽略不计。澳大利亚、加拿大、新西兰、南非等自治国以及印度不计入英国（UK）数据。

才进行总动员。一直实行志愿兵制度的英国，也在 1916 年开始施行征兵制。小关隆的研究显示，在战争初期的志愿兵制度下，“英勇战斗，英勇牺牲”的官兵中有很多高学历者的事实，在当时的英国社会中引起了围绕“国民责任”和拒服兵役问题的沸腾讨论。

从军的不仅是联合王国，还有来自四个自治国（澳大利亚、加拿大、新西兰、南非）和印度的大量志愿兵，这些地区仅阵亡人数就达到了 23 万以上，其中印度士兵阵亡 7 万人。战争开始以后，一切已经不再仅是“白人的责任”了。

对尽职尽责、流了血也流了泪的国民来说，给予他们不分上下的住宅、社会保障、参政权等回报是必不可少的。战时和战后的英国，对帝国内外的危机是如何努力应对的呢?第一个刻不容缓的课题是爱尔兰和印度问题。

爱尔兰的独立和内战

所谓统一党，是 1886 年由张伯伦组建的、坚持联合王国体制的国家联合（统一）派政党。该党于 1912 年与保守党合并，今天所谓“保守党”的正式名称是 The Conservative & Unionist Party，即“不放弃爱尔兰的保守党”。与之相对，和盖尔文化复兴运动气脉相通的新芬党（Sinn Féin），则试图通过自己的手取得独立。同时期的耶茨及詹姆斯·乔伊斯，在政治以外的层面上展示了爱尔兰的文学和戏剧。

从格莱斯顿时期便已提出的《爱尔兰自治法案》，终于在 1914 年 9 月获得两院通过，但由于“一战”已经开始，到战争结束时仍被束之高阁。就在此前一年，反对自治法案的统一派（新教徒）在阿尔斯特（贝尔法斯特）组成了义勇军，与之相抗的新芬党（天主教徒）也在都柏林组建了义勇军。然而，法案的通过使爱尔兰全岛实现非自治国化的独立已经没有可能。但在两个极端宗派主义之间的矛盾无法调和的情况下，1639—1642 年的问题再次浮现。类似的情况在印度次大陆独立建国之际也将再度上演。

在 1916 年 4 月的复活节，新芬党在都柏林发动武装起义失败，遭到镇压。比起这一事实本身，英国政府迅速而毫不留情地处死起义领导者及进行新闻管控，使这场起义化为一个现代传说。此后爱尔兰虽然通过独立战争于 1922 年取得独立，但在是否批准与劳合·乔治签署的“自治国协定”问题上产生

图 9-1　爱尔兰共和国国旗。左侧为绿色（凯尔特的传统），右侧是橙色（后来的新教徒），正中为象征两者和平共处的白色。

了内部对立，导致内战爆发。是建立宪政的自治国家还是革命的共和国，不管哪种形式被最终承认，南北分裂已是既定事实。《傲气盖天》便是描写爱尔兰从复活节起义到走向内战的悲剧电影，连姆·尼森扮演了32岁时被爱尔兰共和军（IRA）暗杀的临时政府议长柯林斯（1890—1922）。

实际上，近现代爱尔兰的政治、经济、文化都离不开与美国的关系，生于纽约的德·瓦莱拉（1882—1975）便是集爱尔兰共和国和新芬党代表于一身的人物。

自治与独立

联合王国内部的苏格兰和威尔士，也在关注着从《爱尔兰自治法案》到爱尔兰独立的整个过程。自由党的坎贝尔·班纳曼和阿斯奎斯首相来自苏格兰选区，劳合·乔治首相来自威尔士选区。虽然他们都是联合王国的政治家，奉行新自由主义政策，但也都在为各自出身地区的自治以及联合王国联邦主义的延续，寻找可能的道路。

在自由党及以其为主导的联合政权之下（1905—1922），新西兰、南非（以及后来的爱尔兰）相继取得了自治国的地位。“印度国民大会”及“印度自治同盟”也理所当然地抬高了期待和要求。但是，印度的统治现场却持续发生着大大

图 9–2 伦敦市中心塔维斯托克广场的甘地像。附近栽有与广岛和平纪念公园同品种的樱树。

小小的冲突。1919 年 2 月公布的《印度政府法》确定了暧昧的双重权利架构，在同年 4 月阿姆利则的和平集会上，英印政府无警告地开枪，造成了超过 379 人被杀、1000 人以上受伤的惨案。

在第一次世界大战中，帝国各殖民地的臣民曾经入伍从军，协助英国政府打赢战争，但之后的弊政导致了殖民地精英的离心，这就像在重演七年战争后丧失北美 13 个殖民地的历史。那时候 13 个殖民地是帝国最具成长性的环节，现在印度又成了“王冠上最闪耀的宝石”，而且其工业能力和自豪感也不断增长，直逼本国。集 1919 年以来的非暴力、不合作、独立运动于一身的象征性人物甘地，是一位深思熟虑、聪明果断、行动坚决的人物，不论是尼赫鲁、真纳还是英国当局以及国际舆论，都对他另眼相看。本·金斯利主演了电影《甘地》。正如剧中牛津大学的 J. 布朗叙述的那样：

在英国国内最反对印度自治和独立的政治家，就是丘吉尔。

巴勒斯坦与中国

第二个迫在眉睫的课题是与帝国有关的国际关系，尤其是巴勒斯坦和中国。

无论是在战前还是战争中，作为争取犹太金融界的交换条件，英国政府一直在支持犹太复国主义运动。1917 年 11 月，全国统一内阁的外交大臣贝尔福写给第二代罗斯柴尔德男爵的信件在报纸上被公开。信中内容显示，英国政府赞成“犹太人建设其民族家园（national home）巴勒斯坦”。并且以协助达成该目标为前提，提出了附加条件，即“不侵犯现居住于巴勒斯坦的非犹太人社区的市民权和信教权，也不侵犯在其他国家‘不参与犹太复国运动’的犹太人所享有的权利和政治地位”。

这是针对正在与英国交战的奥斯曼帝国的策略，还是为战后对法关系的布局？是否真正设想了犹太人和阿拉伯人的共存？而犹太人的民族家园到底是不是指国家？虽然存在很多疑问，但以上作为英国巴勒斯坦政策的基本内容，在战后得到了再次确认。以色列虽然建国于1948年，但巴勒斯坦问题的种子，早在第一次世界大战期间便已被撒下。

英国在中国的权益集中在上海。正如后藤春美所言，日英同盟（1902—1923）解除后，双方并没有立即陷入对立状态。两国反而还在对中国采取强硬姿态的层面上取得了协调一致。另外，英国在与日本保持军事距离后，并没有立即亲中国。对英国来说，比起“遵守条约非常困难”的中国，不如对日本采取绥靖政策以保障既有权益。英国在法制交流、私有财产保护、自由贸易等基本问题上接近已经非常疏远的中国，是1931—1932年（九一八事变、八一三事变）以后的事了。

大众社会

两次世界大战提出的第三个课题是政府如何面对大众社会和工人世界。先是从1918年11月即战争结束当月开始，

21 岁以上的男性和 30 岁以上的女性可以（有条件地）享受选举权。1928 年，又实现了 21 岁以上的男女均可平等行使选举权。这样一来，哪个政党掌握了男女大众，就将决定 20 世纪英国政治的走向。

从事第三产业和行政事务的劳动者（白领）住在砖瓦、木材、水泥混合的两层住宅或集体住宅。虽然不能算简陋，但被标准规格的衣食住所包围的、“中产阶级下层”（lower middleclass）的“近邻社会”已经形成，并出现了阅读同样的报纸，享受同一闲暇时间的大众。在距伦敦几十分钟火车车程的地方中，莱奇沃思从 1903 年起，沃林从 1920 年起，开始建设“田园城市”，即所谓“健全生活与产业的共同体”。

1922 年，无线电作为公共广播开始播放节目。1936 年，V. 格兰仕创办了“左翼读书俱乐部”，A. 莱恩开始出版“企鹅书系”。与此同时，日本的岩波新书也于 1938 年开始发行。

但完全平等的社会还未实现。资产阶级（以上）的家庭都有居家女仆。单从选举权来看，类似近代旧制度的“大学毕业生的复数投票权”直到 1948 年才被取消，工党也由此获得了稳定的政权。

工党与工人的世界

服从共产国际的英国共产党（CPGB）成立于 1920 年，但大部分工人和进步知识分子支持工党，这与同时期强有力的法国共产党迥然不同。韦伯夫妇以工党内部的布莱恩和费边社为核心，于 1818 年起草了工党的纲领，并在第四条中明确阐明了“生产、分配、交换手段共同所有”。这一条款在 1995 年托尼·布莱尔以“新工党”的名义全面修改党章之前，一直是工党的立党原则之一。

1924 年，工党党魁拉姆齐·麦克唐纳（1886—1937）依托女性选票，获得了政权。工党趁着自由、保守两党围绕关税问题进行争论的混乱时刻，与已沦为第三党的自由党合作上台，自此确立了第二大党的地位。过去自由党和保守党之间的两党游戏，在此以后转变为工党、保守党两大政党的对垒。虽然最初的工党政权是短命的，但 1929 年 5 月，工党成为第一大党并组阁。世界经济危机爆发后，与左派分裂的麦克唐纳作为首相，通过与保守党、自由党大联合，组成了全国统一内阁（1931—1935）。

描写这一时期工人世界的电影有 J. 福特导演的《我的山谷变绿了》，这部电影展现了威尔士煤矿工人的骄傲和团结，片中出现的非国教徒教堂的牧师以及社区合唱场面，充满了怀旧情绪。另外，K. 罗奇导演的《土地与自由》以乔治·奥威尔似的笔触，讴歌了作为义勇军参加西班牙内战（1936—1939）的辛帕工人大卫。

此时，在与读书、合唱、工会、社会主义无缘的地方，还有一个悲伤的小世界。1922—1936 年，从贾罗等北部工矿地带到伦敦的路上多次发生失业者的“饥饿游行”。另外，史学家威廉·伍德罗夫在 20 世纪 20 年代的兰开夏郡工人街度过了赤贫的少年时代，据他回忆，那时母亲带着他和幼子比利住在黑池的廉价房屋里。白天他在外面闲逛假装“工作”。入夜，则经常听到母亲一个人哭泣。

布卢姆茨伯里派

第四个课题也是一种契机，在两次世界大战期间持续发展的新精英社会，构成了与上述大众社会、工人世界相对的“另一个世界”，其中最广为人知的是布卢姆茨伯里派。

作为世纪转换期的著名知识分子莱斯利·斯蒂芬学识的一部分，初版 66 卷的《国民传记辞典》于 1882—1903 年面世，这是对《牛津国家人物传记大辞典》的全面修订，并成为目前英国史和英语圈研究所必需的在线参考资料来源，也是本书撰写时的资料依据之一。以斯蒂芬的两个女儿凡妮

图 9-3　布卢姆茨伯里派。曾经属于高级住宅区的戈登广场 50 号，现在仍保有该群体值得纪念的印迹。两邻也曾有凯恩斯夫妇、斯特拉奇等名人入住。现在为伦敦大学所有。

莎·贝尔和弗吉尼亚·伍尔芙为中心，在伦敦布卢姆茨伯里地区戈登广场附近，深绿色高级住宅区的一角，一群知识分子精英男女经常聚在一起进行交流。这是一群对文艺和性爱都很有热情的男女。

弗吉尼亚的《达洛维夫人》（1925）细腻地讲述了因大战中的战斗后遗症和创伤后应激障碍患上心理疾病的青年史密斯的最后一天，以及与之平行的富裕议员的妻子、伦敦有名的社交宴会女主人达洛维夫人同一天的意识流动。在这本“意识流”小说中，弗吉尼亚于 1928 年在向剑桥大学女生的演讲《自己的房间》中叙述了女性解放的必要条件——女性想要自立（成为写文章的人），需要属于自己的上锁的房间和一年 500 英镑的收入——但这在当时还很难实现。倒是其笔下的达洛维议员，从女性参政权（1918）、《妇女儿童福利法》（1918），《住房与城镇规划法》（1919）、《印度政府法》（1919）到《失业保险法》（1920）等法案的审议过程，应该都有参与。

让我们在这里结合物价变动，了解一下布尔乔亚的年收入。前述 19 世纪的南丁格尔，其基础年收入是 500 英镑，与 19 世纪末比阿特丽丝·韦伯的 1000 英镑相比，（由于“一战”使英镑的购买力减半）20 世纪 20 年代弗吉尼亚提出的 500 英镑稍显保守（弗吉尼亚没有限定是否为非劳动收入）。但这已经是当时公布的标准家庭年收入（50 英镑）的 10 倍，并且其在演讲中也提到当时拥有“500 英镑（以上）年收入的女性有 2000 人左右”。在 1931 年的人口普查中（除爱尔兰），大不列颠的

表 9–2　英镑的购买力（1900 年的 240 为基本指数）

1900	240
1910	217
1920	84
1930	132
1940	107
1950	65
1960	47
1970	32
1980	8.4
1990	4.8
1998	3.6

女性人口为 2334 万，这个数字只相当于其 0.0086 %。可以说，面对前来聆听演讲的来自中产阶级家庭的女学生，弗吉尼亚·伍尔芙是在以“Girls，be ambitious!”（姑娘们，拿出雄心！）式的话语为现场营造励志的氛围。

J.M. 凯恩斯

约翰·梅纳德·凯恩斯（1883—1946）是其父内维尔和其母弗洛伦斯的第一个孩子。巧合的是，那一年正是马克思去世的年份。他的父亲是大学讲师，曾任学校事务长。母亲也是大学毕业生，后来成为剑桥市长。

凯恩斯成年后身高达到 198 厘米。他是布卢姆茨伯里派的一员，也曾是一位活跃的同性恋者。作为精英官僚和学者，他以首相劳合·乔治随行人员的身份，加入巴黎和会的代表团。当时他提出的第一个问题是，为什么不在对德和谈条件中加入更严厉的惩罚；第二个问题是，应针对俄国社会主义国家和共产国际采取更为有效的对策。他批判了劳合·乔治及其自由放任主义，主张利用政府支出的公共事业扩大就业以唤起有效需求，并将货币管理作为经济调节的主要手段。对此，凯恩斯使用了“自由社会主义”（Liberal socialism）这个词。取而代之的是“新政”和可以支撑福利

图 9–4　剑桥市艺术剧场的牌匾。凯恩斯对牛顿的评价“哥白尼和浮士德兼于一身”，也是对自己的评价吧。

国家运行的经济学的诞生。

在此期间，凯恩斯认识了俄罗斯迪亚吉列夫芭蕾舞团可爱的莉迪雅。他爱上了这位异性，并与之结婚。他在剑桥取得了牛顿的函件，并在整理之余发表了《牛顿其人》一文，把牛顿评论为“哥白尼和浮士德兼于一身”的特异人物。那时的凯恩斯已经不是普通的学者和官员，在市政厅旁边的剧场圆形牌匾（图 9–4）上刻着他的一系列头衔：

> 国王学院特别研究员事务长，经济学家、哲学家、商人，国家公仆和外交官。1936 年 2 月 3 日创设剑桥艺术剧院。

1936年2月，《就业、利息和货币通论》出版。对凯恩斯来说，经济学似乎只是其集哥白尼和浮士德于一身的活动之一。作为剑桥的优秀学生组织“使徒会”的成员，他对数学、哲学、概率论有着浓厚的兴趣。作为阿尔弗雷德·马歇尔教授的学生，他进修的科目居然是伦理学，这是承继18世纪社会哲学流派的人文社会系的学问。经济学在剑桥大学成为独立学科其实是在1903年以后。后来成为国王学院事务长（常务理事）的凯恩斯负责资金的运营，他应用“选美理论”，大胆投资，为学院获取了巨额收益。

长日留痕

石黑一雄的小说《长日留痕》描写的是与才华横溢的新精英不同的、刻板的贵族生活。小说的背景为第二次世界大战后，英国管家斯蒂文斯对20世纪二三十年代进行了追忆和反思。

斯蒂文斯的主人“达林顿勋爵”是保守派贵族知识分子，位居政界中枢，且为亲德派。作者设计的故事舞台，是能够深夜从伦敦乘车往返、位于泰晤士河中游克莱维登的阿斯特子爵府邸。阿斯特的绥靖主义，以及爱德华·卡尔在《20年危机》中提到的乌托邦和现实，在小说中都以管家斯蒂文斯和女佣领班肯顿的女儿的视角一一呈现。由伊沃里导演的同名影片由初老的安东尼·霍普金斯、不再年轻的艾玛·汤普森等主演，是一部精彩的影片。现实中的克莱维登馆在战后，一度由美国斯坦福大学接手，现在由公益团体全国托管协会管理。

“达林顿勋爵”让人联想起内维尔·张伯伦首相（1937—1940 在职）。他是约瑟夫·张伯伦的次子，也是促成洛伽诺公约的奥斯丁·张伯伦（获得诺贝尔和平奖）的弟弟。他虽然身材高大，但没有父亲的“最高级的男性力量”，作为反战主义贵族知识分子，属于德国绥靖派。1938年，他与希特勒、墨索里尼进行了数次会谈，完全中了对方的圈套。

国王的演讲

还有一部电影与此相关，描绘了从 1936 年的王位继承危机到 1939 年开战期间的故事，这就是《国王的演讲》。这一时期，“俊俏王”爱德华八世（“色情大师”的孙子）的王位正当性正围绕其恋爱、结婚、退位而盘旋。如果对照中世纪以来的三大要件来看，情况是这样的：第一，论血统，现任国王爱德华八世排第一，弟弟约克公爵排第二。第二，贤人会议暨议会及内阁的本意是，希望“俊俏王”和辛普森夫人不再继续播撒丑闻的种子。对于游手好闲、作风浮夸的两人，议会尤其因爱德华八世持续不断的公务怠行困扰不已。况且他们其实也不是什么“世纪的纯爱”。第三，国教会的意向是必须坚持自由立宪主义（此时兰格是坎特伯雷大主教，后出场的坦普尔此时是约克大主教）。

约克公爵虽然患有口吃且不够俊俏，但他知道立宪君主的作用，对公务有献身精神，对家族亦有深厚的感情。伊丽莎白王后对其也有好感。结果，英国的世俗和宗教精英们对于统而不治的国王，实际上采取了类似国王选举制的办法，抛开制度而依据人品进行了选择。影片中的语言治疗师 L. 罗格虽然是个来历不明的澳大利亚人，但他是共济会成员（虽然电影中省略了这个事实），由于爱德华八世和约克公爵也都是共济会成员，因此他们之间建立了相互信赖的关系。而罗格的语言疗法让人联想到萧伯纳的《窈窕淑女》中希金斯教授的手法，这是对观看过该电影的观众的一种讨好吧。

于是，1936 年年末，约克公爵以乔治六世（1936—1952 在位）的身份即位。退位后成为温莎公爵的“俊俏王”，转年便会见了希特勒，从此再也没有踏上本国的土地。精英们在 1936 年的决定是否经过了深思熟虑，已无从考证。

但是，如果爱德华八世依然是国王，那么1939年9月的“英王”恐怕将不会在宣战之日通过电台，向国民进行如此感人的演说。此时的首相恐怕仍是张伯伦。直到开战的第二年，才会由追求速效的温斯顿·丘吉尔出任全国统一内阁的首相（1940—1945在职）。

❸ 第二次世界大战和福利国家

丘吉尔首相

丘吉尔年轻时曾在古巴、印度、南非战场上从军，在第一次世界大战中曾担任劳合·乔治战时内阁的军需部长，是跨越两次大战的政坛老手。君子豹变的他在保守党和自由党之间来回换马。他一贯坚持所谓的自由贸易主义（反对关税保护），幼年和少年时期由于渴望父母的爱写了很多信。他上的是陆军士官学校，由于没上大学，不会古典语言，但在执行力和英语表达上都有十二分的能力，还是诺贝尔文学奖的获得者。

丘吉尔同乔治六世夫妇一起，经受了德军对伦敦的空袭。他激励人民，在伦敦最高级的办公室迎接流亡的戴高乐将军，下令英国广播公司（BBC）为“自由法国”提供频道。他还反复鼓动美国参战，在对德、日的长期战争中，即便付出 38 万本国士兵、7 万平民和 20 万英联邦士兵的生命，也毫不退缩地战斗到最后（章首图）。

丘吉尔是周旋在美国和苏联两个超级大国之间，设计战后世界的导演，他出现在 1945 年 2 月的雅尔塔会议上。同年 7 月 5 日，议会选举投票开始后，他便出发参加波茨坦会议，但 26 日得知（海外也完成了计票）开票结果后，他将一切托付给工党领袖艾德礼，随后安静地离席。在艰难困苦的总力战中坚持不懈的丘吉尔首相，同时也是劳工和印度的敌人。英国选民们看透了欧洲胜利（Victory in Europe）的本质而将他舍弃，使工党获得了压倒性的胜利。最后，从 1943 年 11 月的德黑兰会议到 1945 年 7 月的波茨坦会议，三巨头中始终坚守的不是丘吉尔，也不是罗斯福，而是斯大林。

福利国家与凯恩斯经济学

早在 1942 年年末，威廉 · 贝弗里奇就曾以委员长的身份提出建立“国家医疗服务体系”，但被丘吉尔内阁搁置到战争结束。结果，全民健康保险制度是由艾德礼的工党内阁实现的（1945—1951）。福利国家看起来已经实现了解决“从摇篮到坟墓”的所有贫困、无知、不洁、怠惰和疾病问题的社会民主主义理想。

在艾德礼政府时期，中央银行、航空、电信电话、煤炭、铁路、电力、公路、煤气、钢铁等基础产业先后被国有化。虽然这是基于工党“第四条”纲领的实践，但在野党保守党也没有提出太多反对意见。战后的英国比战后的日本更具有社会主义色彩。事实上，早在1914年不列颠波斯石油公司（后来的英国石油公司）成为国策公司之后，“二战”期间又陆续出现了英国广播公司、英国电力公司、海外航空公司等国策和国营公司。为了战后经济和民生的重建，国有化或国营化普遍被认为是必要的，也是合理的考量。在接下来的保守党政权（1951—1963）时期，也只有钢铁企业从国营回归到民营。

P. 克拉克在《英国现代史》中写道：“‘右’到贝弗里奇，‘左’到斯大林，各种各样非工党的政治遗产，全部像从天而降似的被工党接受并继承了。”支持工党的基本盘不仅是工人、大众、社会主义者、节酒运动者、生活协会成员，还有富于良知的基督教教育家R.H. 托尼（1880—1962）及曾担任约克大主教和坎特伯雷大主教的W. 坦普尔（1881—1944）。两人都毕业于拉格比公学和牛津大学贝利奥尔学院，是工人教育协会（WEA）的积极成员。贝弗里奇也是毕业于贝利奥尔学院的学生，他住在“汤因比馆”，致力于社会事业。就像J.哈里斯说的那样，他是个有点扭曲的人物，但也因韦伯和托尼的关系担任过伦敦政治经济学院的院长。

韦伯夫妇则于1932年到苏联访问，他们被这个“新文明”迷惑，尤其对计划经济大为赞颂，而对近代英国的自由主义、经验主义、临时主义的“旧文明”，以及麦克唐纳的全国统一内阁则死了心，甚至不顾苏联激烈实行五年计划的现实。毕竟两个人都已经老了。

工党福利政策的理论基础是自由主义的凯恩斯经济学。虽然贝弗里奇和凯恩斯的立场都是基于自由党而不是工党，但此时自由党已经衰弱，只是一个知识分子政党。工党在成为新自由主义的忠实追随者的同时，也强化了其阶级政党加进步主义政党的性质。凯恩斯在战后致力于布雷顿森林体系以及国际货币基金组织的启动工作，但因心脏病发作而猝死。与韦伯不同，凯恩斯对苏联丝毫不抱幻想，他不但将扩大公共事业和有效需求作为应对失业的对策，还构想这些手段会成为极权主义的“防波堤”。

然而，这种凯恩斯经济学和福利国家理论，不久便被伦敦政治经济学院教授弗里德里希·哈耶克（1899—1992）批判为牺牲个人的创意、自由、竞争，是一条阻碍市场经济的“通往奴隶之路”，堪与极权主义相提并论。

战后的政治体制

第二次世界大战的第一个后果是，使作为主要战胜国的美国和苏联在联合国拥有了压倒性的地位，并导致两国走向互不相容的“冷战”。战后的世界秩序是以两个超级大国为两极的磁场，两极的磁力时强时弱。按照 E. 霍布斯鲍姆的观点，从 1917 年开始，20 世纪就已经进入“两极时代”了。在英国，无论在战时还是战后的知识分子中，与共产党为伴的人都不少。这为 20 世纪 50 年代美国麦卡锡主义在英语圈的蔓延蒙上了一层阴影。

第二个后果是，美英（以及苏联）争先恐后地接收了旧德奥（中欧）的人才和科技资产。正如斯图亚特·休斯在《沧海桑田：社会思想的迁徙，1930—1965》中描述的那样，20 世纪三四十年代，大量知识分子从中欧向英语圈逃亡或移民，使英美受益匪浅。相比 1685 年以后逃离法国的胡格诺教徒以及从荷兰到英国软着陆人才的数量，其规模为数倍。

单从移民到英国的人文社会学者来看，就包括以赛亚·伯林、西格蒙德·弗洛伊德、弗里德里希·哈耶克、波兰尼兄弟、卡尔·波普尔、路德维希·维特根斯坦。历史学家（纳米尔早在 1908 年便已来英）则有杰弗里·埃尔顿、摩西·芬利、艾瑞克·霍布斯鲍姆、尼古拉斯·佩夫斯奈、米歇尔·波斯坦、阿比·瓦尔堡……20世纪的前沿学者，几乎都或主动或被动地移民至此。英语成为真正的全球学术语言，也是从这一时期开始的。

第三个后果是，没有美国的参战就无法取胜的客观事实，使英法沦为其军事及经济上的附庸，并且以北大西洋公约组织（NATO）军队和马歇尔计划的形式延续了下来。法国和西德解除了拿破仑战争以来的假想敌关系，（在追随美国的同时）开始追求结为欧洲经济共同体（EEC）的可能性。比荷卢三国也主动采取了类似行动。多年以后，欧洲又恢复了近世的人口动态轴心。

英国在欧洲以外，应该称为英联邦。对在两次世界大战中付出了与本国同样巨大牺牲的自治国和印度，表达谢意是必需的。邻国爱尔兰在第二次世界大战中保持了中立，与其修复关系也是当务之急。战后的英国需要面临的第四个后果，是迫在眉睫的帝国体系与殖民地关系问题。

殖民地的多教派性

英属印度的独立运动以国民大会为中心，包括不断扩大的印度教、穆斯林、锡克教等多个教派的不服从、斯瓦德希

（自产）、斯瓦拉齐（自治）运动。而堪称人格楷模的甘地和无愧政治家称号的尼赫鲁（1889—1964）的绝妙配合，构成了整个独立运动的中心。

1947 年 8 月，由末代副王、总督蒙巴顿子爵（1900—1975）莅席，宣布英国的拉吉统治[1]结束，随后举行了和平的权力交接仪式。国民大会的目标是建立多元民族文化的共和国，然而这与 M. 真纳（1876—1948）建立穆斯林共和国的目标不相一致，双方之间的宗教分歧走向不可调和，其结果是巴基斯坦共和国和印度共和国分别宣布独立，继而在人为划定的国境线附近发生了大量人口移动和冲突。为了实现多民族、多文化共存的乌托邦，甘地绝食祈祷，虽然暂时平息了混乱，但不久他就倒在了印度教极端主义者的子弹之下。1948 年，锡兰（现斯里兰卡）、缅甸也获得了独立。南亚最终形成了周边为宗教国家，余下的中心部分为多元民族和文化的印度共和国的格局。吸取历史教训的英国政府和副王曾理性地希望多元文化的拉吉能原封不动地成为一个共和国，但在宗派主义面前无能为力。

爱尔兰在 1949 年成为爱尔兰共和国，与英联邦断绝关系，实现了天主教民族国家的历史诉求。相对的（互补的）

1 “拉吉”这一术语取自梵文rājya，意为“规则”，泛指整个南亚。

北爱尔兰则强化了其新教属性以及与联合王国的结合程度。20世纪是民族自决和民族主义盛行的时代，特别是当地精英的宗教派别和政治姿态起着决定性的作用。话虽如此，到1969年，情况已经相对稳定下来。

劳工移民

与20世纪的帝国体系和殖民地有关的另一个秩序问题是大量劳工移民的到来。近现代进入大不列颠的移民可以分为几种情况：第一种情况是爱尔兰人。无论在独立还是脱离英联邦后，爱尔兰人的入境都未受限制，很多爱尔兰人都移居到了不列颠城市。第二种情况是各种来源的犹太人，其中不少是富裕的散居者。第三种情况是帝国臣民和英联邦市民，他们的入境权利在1948年的《国籍法》中再次得到了确认，因此有不少亚非移民在其国家独立前后来到英国，特别是来自西印度群岛和南亚的工人家庭大量涌入英国。其中，1948年抵达伦敦港的"帝国疾风号"，经常被作为英国人口形势发生转换的象征加以言说。虽说如此，但第四种情况中，来自白人自治国以及欧洲国家的移民才是数量最大的，这种情况在1993年欧盟成立后尤其明显。

在数量上相对不多的非白人移民在不久的将来成为问题

的原因在于，这一群体在经济上的停滞、文化上的摩擦、高出生率以及煽动种族歧视和排外主义的言论。特别是作为保守党党魁和影子内阁阁僚的 E. 鲍威尔，其令人无法容忍的挑衅性言论，使保守党不得不将其罢免。鲍威尔还反对英国加入欧洲经济共同体和欧洲共同体，最终他退出了保守党。但从这个时期起，舆论和政策逐渐向歧视和限制入境的方向发展。

第 10 讲

现代英国

1981 年 4 月布里克斯顿骚乱之后，议会调查委员会的斯卡曼勋爵独自来到现场，与年轻人交谈。

大事年表

1956 年	批评斯大林；苏伊士运河危机；“愤怒地挥动回去”；核电站开始运转
1957 年	埃格顿·赫伯特·诺曼之死；麦克米伦就任首相（—1963），作“现在是历史最佳状态”的发言；继加纳独立后，非洲各国陆续独立
1960 年	甲壳虫乐队（—1970 ）
1961 年	申请加入欧洲经济共同体（法国在 1963 年前行使了否决权）
1964 年	威尔逊就任首相（—1970，1974—1976）
1965 年	越南战争（—1973）开始，反战运动高涨
1968 年	北爱尔兰纷争（—1994），鲍威尔持续发表种族歧视言论
1971 年	米制、货币百进制实行 依照入境管理法开始进行入境限制
1973 年	联合王国与爱尔兰一起加入欧洲共同体；石油危机爆发
1978 年	“不满的冬天”（—1979）
1979 年	撒切尔就任首相（—1990），与 20 世纪的共识政治宣战
1981 年	4 月，布里克斯顿骚乱；7 月，查尔斯王储婚礼
1982 年	福克兰战争爆发
1986 年	金融自由化（bigbang），伦敦金融市场的活性化
1989 年	柏林墙倒塌

续表

1990 年	英法海底隧道开通；南非废除种族隔离 梅杰就任首相（—1997）
1991 年	苏联解体
1993 年	批准《马斯特里赫特条约》，加入欧洲联盟 同时期爱尔兰经济繁荣，被誉为“凯尔特之虎”
1994 年	爱尔兰共和军发表停止恐怖活动宣言 曼德拉就任南非总统
1997 年	工党在大选中取得压倒性胜利，布莱尔就任首相（—2007）；“权力下放”政策开始实施
2001 年	9 月 11 日，美国同时遭到多起恐怖袭击
2003 年	英国向伊拉克出兵
2010 年	保守党、自由民主党取得联合政权，卡梅伦就任首相
2014 年	全民公投否决苏格兰独立
2016 年	6 月，公民公投，过半票数同意退出欧盟 7 月，特蕾莎 · 梅出任首相

1 脱殖民地的幸福感过剩

充满危机的1965年

1965年是20世纪具有象征性的转折点。在“冷战”对抗最激烈的时期，首先是苏联共产党对斯大林进行批判，引发了匈牙利事件、东欧国家共产党党员及作为其同路人的知识分子的动摇，在英国开始出现“新左派”言论并产生各种社会现象，日本也有与其类似的情况发生。

但是，英国还遇到了第二个问题，即苏伊士运河危机再次袭来。保守党的长期政权（1951—1964）仍在继续，但在1955年，首相由老丘吉尔（第二次执政）换成了继任者艾登。

在年轻的伊丽莎白二世（1952—今在位）即位时，丘吉尔首相已经77岁。他就像守护年轻的维多利亚女王的梅尔文子爵一样，表现出一种家长的作风，内阁和媒体对其也都是用“伟大的长者”之类的称谓，而他的功绩也确实无与伦比。1952 年，丘吉尔以大国威信为赌注，进行了原子弹爆炸试验，同年喷气式客机“彗星”号开始投入商业航行。翌年，女王加冕典礼盛大举行，并进行了电视直播。

即使从 80 岁的丘吉尔换成 58 岁的艾登，英国首相对世界的认识在本质上也没有改变。虽然南亚各国已经独立，但英国仍试图与法国一起追逐殖民主义的梦想。1956 年，为了压制埃及总统纳赛尔，英国与以色列共同策划占领了苏伊士运河。这一行动不仅仅是出于政治家的决断，不少进驻埃及的官兵把乔治·麦考莱·特里维廉的《英格兰社会史》装在背囊中的事实表明，幸福感过剩（Euphoria）和迟钝感正体现在英国人的阅读倾向中。虽然特里维廉自称这本书是“去除政治的社会史”，但书中没有分析性的论述，只有辉格史观下对英格兰历史漫无边际的自傲。

在国际舆论的孤立下，特别是在美国的谴责下，艾登内阁被迫在 1957 年年初屈辱辞职。英国已经不是一个大国了，没有美国的承诺和合作，就不能单独进行军事行动。这次事件就像是在向世界公开宣布不列颠治世的结束。石黑一雄将《长日留痕》中管家斯蒂文斯开始展开回忆的日期设定为 1956 年 7 月，这正是纳塞尔总统发布苏伊士运河国有化宣言的时间。当斯蒂文斯在酒吧被问到如何看待大英帝国、丘吉尔和艾登时，他感到的只有困惑。

1956 年，第三个问题如期而至。这一年是简·奥斯汀的《理智与情感》在英国国内首演之年，也是令年轻人兴奋的摇滚乐的起始之年，亦即包括社会主义者在内的新老精英，对多年来建立起来的既有秩序公然发出异声之年。

另外，英国的核电站也在这一年开始运转。

文化交流的中介

此时发生了埃格顿·赫伯特·诺曼（1909—1957）的悲剧。历史学家诺曼在日本度过少年时代，毕业于剑桥大学，熟识战前战后的日本，当时在开罗担任加拿大驻埃及公使。但是，苏伊士危机的重大责任再加上“容共外交官”的嫌疑，促使他在过度劳累的情况下选择了自杀。他的去世使日本和英语圈失去了一位同时具有历史学者和外交官身份的宝贵中介者。

在更加纯粹的日英文化交流层面，伯纳德·里奇（1887—1979）通过陶艺，与柳宗悦和滨田庄司建立了友谊。大家都知道《伯纳德·里奇的日本绘画日记》、驹场的日本民艺馆以及康沃尔郡的圣艾夫斯窑和美术馆吧。

协商政治的“最佳状态”

代替艾登出任首相的是哈罗德·麦克米伦（1957—1963在职）。他本是麦克米伦出版社的少当家，在牛津大学进修过古典学，后来与加拿大总督德文郡公爵的女儿结婚。作为一名具有执行力的绅士政治家，他的事业顺风顺水。由于经济繁荣，首相坦率地以“现在是历史最佳状态！”（You've never had it so good）表明其幸福感。不过他的私生活却非常不幸。

在西德和日本致力于国民经济结构改革和制造业技术革新时，英国却依靠丰富的移民劳动力来掩饰问题，并且不肯放弃大国意识而紧跟美国，在军备和氢弹试验上耗费了大量资金。与此同时，核裁军运动（CND）也开始出现，领导者是B.罗素、E.P.汤普森等知识分子。

在麦克米伦政府时期，马来亚、新加坡以及加纳等非洲旧殖民地相继独立。与法属、葡属殖民地独立斗争的火花四溅相比，英属殖民地的独立吸取了印度独立的教训，是以阶段性、和平的方式进行的。

对欧洲

英国对欧洲经济共同体和欧洲共同体的反应是迟钝的。由于工党以拒绝“资本家的联合”为由表示反对，保守党和麦克米伦费了很大力气才提出了加盟申请。在 1961 年英国的“最佳状态”时提出申请，可能也是理性主义者麦克米伦的先见之明。

但是法国总统戴高乐在 1963 年对英国的申请行使了否决权。爱尔兰的加盟申请也受到了连带影响。这也许是对支持“自由法国”的丘吉尔和 BBC 的忘恩负义，也或者由于对“二战”期间的伦敦生活感到不悦，戴高乐讨厌英国和美国。

麦克米伦因加入 EEC 失败和苏联间谍事件，于 1963 年秋辞职。在 20 世纪 60 年代初，剑桥大学毕业生在战时的间谍嫌疑就像事先设定好的 007（詹姆斯·邦德）间谍剧一样不断被披露。

此后，加入 EEC 及 EC 的申请再次提出又再次遭拒。英国和爱尔兰最终加入这两个组织是在 1973 年，彼时戴高乐已经去世，国内已经实施米制和货币百进制（1 英镑 =100 便士）。关于加入 EEC 及 EC，英国国内也存在分歧，保守党（主流）亲欧洲，工党（左派）反欧洲的格局一直持续到

20世纪80年代。

工党与新左翼

工党一直到1964年才失去政权，该党和工会都是战后协商政治的受益者。有能力对其进行批判的，是1956年从英国共产党中分裂出来的（与工会没有利害关系的）新左翼知识分子。

提到社会学家佩里·安德森，他哥哥本尼迪克特的《想象的共同体》应该尽人皆知吧。青年佩里愤怒地发表过批判幸福感过剩（以及保、工两党协议）的英国近现代史论文《现代英国危机的诸起源》（《新左派评论》，1964）。

其逻辑是这样的，设想西欧（约等于法国）史为理想模式，以其为基本框架寻找本国历史中所缺乏的东西和落后的要素。与日本和德国的“西方主义”相似，他以进步史观批评英国历史是一锅激进的大杂烩（参见拙著《文明的表象英国》第一章）。此外，他还应用了葛兰西的霸权理论，批判了庸俗资产阶级，指出其所跪拜的英国贵族价值观本非独立的世界观，同时也批判了只关心自身利益的工会工人。为什么会出现这样的情况呢？究其原因，佩里认为英国在17世纪以后的整个近现代史上没有出现“真正的市民革命”。

这令人联想到大冢久雄和丸山真男的说法。

安德森从历史角度提出的洞见，对 20 世纪 60 年代的知识分子产生了一定的影响（日本也出版了两个翻译版本）。安德森虽然提到了帝国和城市的海外投资，但也仅限于在贵族的霸权和爱美主义的语境下。其“危机的诸起源”始终是针对国内的阶级和文化领导权而论述的，并没有涉及劳工移民。自 1948 年西印度移民来到英国定居 16 年后，第二代的融合和教育问题已开始浮上水面。

甲壳虫乐队

利物浦出生的爱尔兰人约翰·列侬（1940—1980）和保罗·麦卡特尼（1942—）相遇于 1957 年。1960 年，他们组成四人组合在汉堡首次演出。最后一张专辑《Let it be》发行于 1970 年。甲壳虫乐队（也称披头士）的活动正好与 20 世纪 60 年代同步。从埃尔维斯（猫王）、反越战、玛赫西，再到“love&peace”，甲壳虫乐队成为那个时代变化的象征。

工党的威尔逊政权（1964—1970、1974—1976）在 1965 年向甲壳虫乐队授予了员佐勋章（MBE）。他们为战后婴儿潮出生的男女所接受，不但是从摇滚到抒情音乐的“工人阶级英雄”（Working-class Hero），而且带来了超越阶级的文化“革命”（Revolution）。他们既是把社会问题毫无遮掩地写进歌词的前卫歌手，也是作品旋律朗朗上口的大众作曲家。约翰·列侬后来陷入药物中毒，并在纽约被歌迷枪杀，这也显示出现代人的一种生活方式。

新大学与民主教育

以 1963 年的“罗宾斯报告”为基础，扩大高等教育规模成为国策。工党政权设立了萨塞克斯、佐利克、约克等新大学，并在 1969 年设立了广播大学。颇具执行力的历史学家 A. 布里格斯便先后担任了萨塞克斯大学和广播大学的校长，为确保新设大学的教育和生活质量而尽心竭力。

关于新大学设立以前便开始积极推进的战后奖学制度和民主教育的成果，可以从我的一些知己那里得到个人证言。例如，成为牛津大学某学院院长和副校长的 Q 来自约克夏郡的山区，对少年 Q 来说，“鱼”是一种油炸食物。拿到奖学金进入牛津大学以后，他第一次在餐桌上看到了有头和尾的鱼。他过了中年仍然会为喝一瓶 1500 日元以上的红酒产生负罪感。另一个例子是审判长 L，她是两个孩子的母亲，据说她的父亲是于两次世界大战期间在伦敦的救济设施中长大的。而她从大学到法律学院进修再到成为法庭律师的所有费用，都是靠奖学金和勤工助学工资来支撑的。

这些贫困家庭出身的年轻人因成绩出众，早早就受到了特别的待遇，并在牛津大学、研究生院和法律学院进修，找到了与自己实力相符的职业。这说明民主主义作为现代英国社会的人才选拔和稳定系统发挥了应有的作用。

❷ 撒切尔、布莱尔及其后的英国

撒切尔的战斗

作为乡镇中产阶级下层的女儿，虔诚的卫理会教徒玛格丽特·罗伯茨（1925—2013）进入牛津大学萨默维尔女子学院求学时适逢“二战”期间，因此从她的经历来说，并没有享受战后民主教育的恩惠。玛格丽特没有辜负父母的期望，完全通过个人奋进开辟了自己的道路。

在后来获得诺贝尔化学奖的多萝西·霍奇金老师的影响下，她梦想着像居里夫人一样的未来，但她的毕业成绩仅仅是“良”。另外，对于性格刚强、不轻易动摇的玛格丽特来说，与一群自视为比阿特丽丝·韦伯或弗吉尼亚·伍尔芙的姑娘们为伍的学院生活并不愉快。据 BBC 报道，在求职期间曾相中她的 ICI 公司人事观察记录上写着“任性、固执且极度自负”。

此后，玛格丽特调整了人生规划，并在保守党的聚会上认识了年长自己十岁的卫理会活动家丹尼斯·撒切尔，二人于 1951 年结婚，共同向着战后的共识政治和由新旧精英构成的权利集团发起挑战。在丈夫的帮助下，她取得了财税律师的资格，并且学习了当时已取代了凯恩斯经济学的哈耶克及弗里德曼经济学。

20 世纪 70 年代，面对被称为“英国病”的结构性不景气和石油危机，工党政府因难以处理利益分配和共识政治的延续而罢工频发。特别是 1978 年晚秋至 1979 年冬天，公共部门的罢工对国民生活产生了非常严重的影响。当时的情况是，公共汽车停运，地方政府关门，连垃圾也无人清理。媒体广泛发泄着对时事的不满，正如《理查三世》的开场白，“这是不满的冬天”。也就是说，英国社会对即将到来的“都铎王朝的阳光”翘首以盼。

11 年半的执政

20 世纪 70 年代的保守党政治家，原本只是把撒切尔夫人作为在野时期到下一个强力党首出现前的过渡人物，或者装点选举的门面。1979 年 5 月的大选，保守党可以说是在对手失误的情况下取得了胜利，最多过两三年应该就会为了实现长期执政而换人。对撒切尔夫人来说，当时被看作“美女”实际上是一种政治蔑视。然而，无论对保守党内的主流还是对其他人来说，都出现了意料之外的情势。

第一，在1983年春天爆发的福克兰战争中，撒切尔首相以坚决的意志（在美国的许可下）进行了战争。第二，以与共识政治相对的“不妥协政治”“消除私下操纵”“与社会主义斗争”为目标，以哈耶克、弗里德曼的经济学代替“通往奴隶之路”为政策基础，建立政权。撒切尔夫人与里根总统、中曾根首相同期执政，但比他们执政的时间还长。她的“小政府”“民营化”“货币主义”“金融自由化”不是一时头脑发热，而是由多年的学习积累和对“自助”的信仰所支撑的。

撒切尔夫人不仅是英国历史上第一位女首相，她还三次在议会选举中获胜，成为执政长达11年半、20世纪执政时间最长的首相。回顾英国首相制度出现以来的300年历史，有八位首相任职在十年以上，他们是沃波尔、诺斯子爵、皮特、利物浦伯爵、格莱斯顿、索尔兹伯里侯爵，然后就是撒切尔夫人和布莱尔。她是比迪斯雷利、劳合·乔治、丘吉尔更坚强的首相。支撑她的是健康、努力、有信仰、善良的丹尼斯。

铁娘子的遗产

如果今天在英国的大学里询问对撒切尔夫人的评价，没有人会认同她的反欧洲、反联邦和反教育主义。母校牛津大学没有按照惯例授予曾担任首相的她以名誉学位。撒切尔夫人是“不放手爱尔兰的 WASP[1] 保守党人”的代表性人物，与爱尔兰共和军战斗，与工会决裂，解体战后共识、国营企业及公社民营化等都在她的政治议程中。而私有化国铁和英国航空公司，下马公营住宅，决战全国煤矿工人工会的斯卡吉尔议长，并遭到 IRA 的炸弹袭击，也是只有在“铁娘子”（the Iron Lady）身上才会发生的事。

撒切尔夫人甚至还对种族隔离持宽容态度，并且极其厌恶天主教，这使其与倡导泛世界基督教教会和人道主义立场的王室、国教会、英联邦以及欧洲共同体的关系都异常冷淡。作为现代砾岩式民主政体的首相，她也许是不够资格的。

如果有谁与首相意见相左，特别是在内阁会议上主张自迪斯雷利以来作为保守党传统议题的“一个民族”（one nation）和解方案，他就会被认为是“软弱派”（wet），不久

1　即White Anglo-Saxon Protestant，白人盎格鲁—撒克逊新教徒的简称。

就会被排除在内阁之外。撒切尔时代（1979—1990）留下的是唯利是图的保守党，也是摒弃历史、人才匮乏的保守党。这和除了“左倾”以外没有其他能力的工党（以及分裂出来的社会民主党）是互补的关系，但也使得爱尔兰和南非人心惶惶。

正因如此，在撒切尔夫人下台之后这些问题都得到了改善，从 20 世纪 90 年代初开始，有关解决爱尔兰问题的谈判就恢复了，曼德拉当选了南非总统，为了改善与英联邦的关系，工党对撒切尔时期的外交轨道进行了修正。由此，两大政党的对欧方针在 80—90 年代发生了逆转，保守党的多数成员成为疑欧派（Euro-sceptic），工党的多数成员（以及自由党、社民党合并后的自由民主党）成为亲欧派（pro-Euro）。

英国黑人

1948 年的《国籍法》使战后移民大不列颠的非英国人获得了入境自由。在旧殖民地移民中最为显眼的是依照血缘、地缘聚居的南亚及加勒比（换句话说就是东西印度）人，宗教也是使其聚拢的重要因素，他们的出生率明显高于欧洲和犹太系移民。近年来，华人移民也开始受到关注。

早在1958年，伦敦的诺丁山地区就爆发过种族冲突，本书打算将其与撒切尔政府时期，于1981年春夏之交，发生在伦敦布里克斯顿和曼彻斯特莫斯赛德地区的激烈冲突一起，作为英国城市骚乱及其对策的问题进行思考。详细内容请参阅《文明的表象 英国》第三章的叙述，在此只表结论。与其将这些事件称为“黑人暴动”，不如说是多元文化城市人口密集地区的青年失业者反警察骚乱。然而由于警察几乎全为白人，而且首都警察的日常巡逻方针带有对地方青年失业者挑衅的意味，从而使双方敌对的“磁场”高度紧张。

斯卡曼报告

事态的严重性使时任副首相兼内政部长的威廉·怀特洛感到震惊。他委托司法专家斯卡曼勋爵（1911—2004）进行调查，并提出对策建议。这份调查其中的一个片段就是《泰晤士报》上登载的一幅照片（章首图）。

报告很快便被提交上来，斯卡曼虽然认为将美国的肯定性行动即种族配额框架（quota）移植英国是“不可能”的，但提出当务之急是协调各部门，拨出预算、人力和时间，尽力改变行政和地方教育的现状，以“积极地（逆）歧视”在行政、警察、学校、媒体等领域增加少数族裔（黑人或其他非欧种族）的数量，这样自然可以创造出人种和文化的多元状态。作为英式自由主义代表人物的斯卡曼所作的调查报告（蓝皮书）出版后，数次加印，成为一本广泛传阅的必读书目，被收入企鹅经典丛书。

这也许是在福克兰战争爆发之前，撒切尔首相发挥强大领导能力之前才得以实行的报告书。1988 年，怀特洛辞去了副首相职务。

如今，诺丁山狂欢节已经成为惯例性的多元文化庆典。布里克斯顿也依靠卓有成效的地方形象战略，转型为象征多样化的多元文化地区。另外，电影《我的国家，爸爸的国家》描写了位于曼彻斯特运河的“对岸”，索尔福德的穆斯林移民家庭两代人之间的摩擦。而该片的英文原名“East is East”显然含有向吉卜林致敬的成分，能够笑着讲出问题，应该算是斯卡曼报告取得成效的证据吧。

王室与国教会

撒切尔时代的英国王室起到了支撑中道主义、人道主义和多文化主义的柱石一般的作用。国教会加强其泛世界基督教教会的色彩也是在这个时期。

1980 年 2 月就任坎特伯雷大主教的 R. 朗西，于 1981

年主持了英国王储查尔斯和戴安娜的婚礼，并使其成为一次泛基督教主义的多元文化仪式。他又于第二年，在历史上第一次邀请罗马教皇在坎特伯雷大教堂圣托马斯祭坛前一起举行礼拜仪式，试图从根本上解决爱尔兰问题。如果没有王室和国教会的努力，80 年代的英国将会是一个更加苛酷动荡的社会。

对王储查尔斯（1948—）来说，围绕王妃戴安娜的一系列事件使他毁誉参半。但难能可贵的是，相对于国王称号中意味着“唯一（国教会）信仰的守护者”的“defender of the faith”，他对“defender of faiths”即“多种信仰的守护者”做了明确的表态。这个发言可以说明他对现代砾岩君主的条件有着充分的理解。

布莱尔的新工党

1994 年成为在野党工党领袖的托尼·布莱尔对韦伯制定的党纲“第四条”进行了全面修订，以探索新的社会民主主义的可能性。1995 年生效的“第四条　目的和价值观”中的新内容阐述为：

> 工党是一个民主的社会主义政党。通过共同努力，

我们能够成就单个人所不能成就的事业，从而为每个人创造出能使其真正潜能得以发挥的条件，并为所有人创造出一个共同体。在这个共同体内，权力、财富和机会掌握在多数人手中，而非少数人；在这个共同体内，我们所享有的权利反映着我们应尽的义务；在这个共同体内，我们以团结、宽容和尊重的精神自由地生活在一起。

由于旧第四条中的“生产、分配、交换手段的共同所有”消失了，有人认为这是一种右倾化。但这也是工党建党以来首次公开表明其“民主的社会主义党”性质。在柏林墙倒塌、苏联解体以后出现的金融自由放任和赌场资本主义时代，这个新第四条的意义非常重大。不是依靠个人而是集体打造自由生活的共同体，建立以团结、宽容、尊重为旗帜的民主和社会主义的政党，这不仅让人联想到比阿特丽丝·韦伯和凯恩斯，也给政治带来了梦想和希望。

在 1997 年的大选中，布莱尔（首相，1997—2007 在职）的新工党取得了历史性的胜利。从联合王国的全部选区来看，城市地区、苏格兰和威尔士的选票都被工党席卷，保守党只在英格兰农村地区能与工党平分秋色，在苏格兰和威尔士更是全军覆没。由于在金钱游戏以外已经看不到未来，选民们摒弃了执着于树敌的保守党，而是选择了倡导自由、团结和恢复联邦主义的工党（拙著《文明的表象 英国》）。按照竞选承诺，工党政府第二年便批准了苏格兰和威尔士地方议会的成立，并就北爱尔兰问题与爱尔兰共和国政府达成了协议。撒切尔夫人之后只剩下应声虫的保守党，在此之后很长一段时间都要面对蹉跎岁月的宿命。

撒切尔夫人和布莱尔的政党和执政方向都不同。但是，基于各自的信念，对 20 世纪及战后共识政治进行重新审视，并献身于对社会政治的重组，在这一点上，两位首相是共通的。他们都是社会转换期的政治家。

21 世纪的英国与世界

2001 年 9 月 11 日的“九一一”事件及各国的对应措施，使国际政治发生了混乱。特别是 2003 年追随布什政府派遣英军进攻伊拉克，使布莱尔遭受了信任危机，并且事后暴露的真相使他的信用彻底破产。布莱尔背叛了把梦想和希望寄托在新工党身上的选民的信任，其责任重大。另外，由于出现不加限制的全球经济振幅，特别是与互联网相结合的对金融市场的自由放任，使人们对新自由主义越来越不信任。

不过，第三次全球化目前与第一次和第二次都不相同，关于身处本次全球化旋涡中的世界，就交给相关的专家讨论了，我仅指出以下一点。

2010 年，联合王国的大选中没有一个单独政党的得票超过半数，得票最多的保守党与第三位的自由民主党组成了联合政府。在保守党首相卡梅伦的领导下，英国政府再次倾向于脱离欧盟、小政府、对金融资本自由放任以及强化与美国的军事同盟。有评论认为这是向撒切尔政府的倒退。但卡梅伦政府首先是联合政府，因此不能独断专行；其次，首相本人也不是卫理会成员或清教徒。倒是与之联合的自由民主党是自由主义及社会民主主义的政党，反而更接近新工党。

对英国政治社会进行长期思考时需要注意的一点是，如 D. 巴托拉的《英国政治的事实》和塞恩的《20 世纪英国政治必备》所示，20 世纪议会选举的全国投票率基本都会轻松超过 70%，甚至有些年份超过了 80%（但进入 21 世纪以来，投票率一直在低位徘徊）。这是与日本国民在议会选举中的行为大相径庭的事实。

今天的爱尔兰，总统（任期为七年）属于名誉职位，取得政权的爱尔兰统一党是一个继承了“自治国协定”批准派，与基督教民主党一样走亲欧盟路线的中间偏右政党。爱尔兰不加入 NATO，奉行军事不结盟的传统。

无论在联合王国还是爱尔兰，议会都与人们关系密切。此外，国内外的公益团体、NGO、NPO，都是人们随时可以参与和集资之所（也是一种避税策略）。这样，不论国内还是国外——与国内、邻国、欧洲、美国、英联邦，以及世界关系中的任何一个——都有“民间公共社会”在同呼吸。不管是否应称此为文化，但毫无疑问，在 21 世纪都将会是一笔历史的资产。

本书力求通过不列颠诸岛漫长的历史，为读者提供一个可填充可修正的思维框架。正如柏克所言：“过去和现在是一对伙伴”，历史仍改头换面地在今天存在着。未来，欧盟和联合王国之间无论走向何方，英国人，包括各种面容的英国人，都会依照我们所叙述的历史经验思考、讨论和决策吧。

后记

本书名为《英国史10讲》，虽然并不厚重，但是花了很多时间才写成。

以第1讲和第4讲为代表，本书的构思和框架，一有机会就在正文中进行阐述。关于这个位于西欧大西洋海岸名为“英国”的岛国的历史，对我们这个位于东亚太平洋海岸名为“日本”的岛国的意义和趣味，我想尽可能具体地传达。

根据近年来的研究，我们在学校学习的“英国史”有了很大的变化。居住在不列颠诸岛的人们的面貌发生了改变，英国这一政治社会的扩展和身份认同经历了历史性的变迁延续至今。各个时代的人们，在什么样的条件下（环境、资产和经验的基础上）怎样面对各自的课题呢？人不是在真空中浮游的，而是一边回顾历史一边呼吸着时代的空气，这应该是亘古不变的吧。

本书并不打算太过理论化，尽管如此，政治社会、秩序、公共善、公共圈、砾岩、世界体系、代表、体现、表象、记忆、侵占（占领）等概念，既是当前历史学的论点，也是本书的关键词。在此之上，本书多次提及了人口、王位合法性和葡萄酒等内容，固然由于这些问题与近世以后的日本关系密切，但更主要还是基于这些事物本身在英国历史上的重要性。另外，年表是支撑本书的梁柱。部分主题则包含了与笔者此前出版的拙著相重合的内容，包括：《民众的道德》（山川出版社／竹学艺文库）、《文明的表象 英国》（山川出版社）、《岩波讲座世界历史》第16卷（岩波书店）、《漫长的英国18世纪——及其政治社会》（山川出版社）、《近现代欧洲史》（放送大学教育振兴委员会）、《江户与伦敦》（山川出版社）、《历史上的欧洲政治社会》（山川出版社）等。

从岩波新书的偏向来说，虽然没有注解，但论据和研究史上的评论等都有读者希望注明。经过深思熟虑，我决定将稍长的注释在《立正大学大学院纪要·文学研究科》（2013年度）上连载，以供有需要的读者参考。

如果还有读者想要进一步加深理解，可参阅拙编《英国史研究入门》（山川出版社）的文献和网页介绍。若侧重于政治史的经纬，三卷本的《世界历史大系之英国史》（山川出版社）虽然稍有些旧，但其中详细的年表和索引应该会有所助益。本书无论是内容还是书名都从前辈和朋友的工作中得到灵感。在把握英国史的框架这一点上,《牛津不列颠诸岛通史》(*The Short Oxford History of the British Isles*, OUP)的 11 卷本，成为我重要的参考。每次写作中出现疑问，我除了会对照和确认上面提到的《英国史研究入门》的第一、二部,《牛津英国史指南》(*The Oxford Companion to British History*, OUP)、《企鹅英国史词典》(*Penguin Dictionary of British History*, Penguin Books)、《朗文英国史指南》(*The Longman Companions to British History*)系列各卷、《皇家历史学会英国历史年表手册》(*Royal Historical Society Handbook of British Chronology*, CUP)也使我获益匪浅，都是不可或缺的参考书目。关于 20 世纪的历史，我主要参考的是《英国政治实录》(*British Political Facts*, D. Butler, Palgrave Macmillan)、《20 世纪英国指南》(*Companion to Twentieth Century Britain*, P. Thaneed, Cassell)和《温斯顿·丘吉尔》(*Winston Churchill*, C. Wrigley, Greenwood)。此外，关于英语的历史用法和传记性的史实，我参考了《牛津英语词典》(网络版)和《牛津国家人物传记大辞典》(网络版),只要输入几个字立刻就能得到答案。

我和岩波书店的天野泰明先生，以及柴田三千雄、坂井荣八郎两位学者一起举行“10 讲”的企划会，最初是在

1997 年 7 月。当时柴田先生的笔记上是这样记录的：

> 如何以年代的记述为基本框架，折中地加入主题性叙述，这恐怕是结构上最困难的问题。恐怕必须将整齐的以年代为线索的教科书式叙述，和具有不同时间跨度的实例结合起来（例如长时间跨度的自然条件、家庭、人口；短时间跨度的国际关系、交通、政体）。但是，这种复合思维是现在必要的历史意识。
>
> 不能只是对一国历史进行孤立记述，还要将区域世界和比较史的观点加进来。

四名出席者以此为基础进行了讨论，结果还是完全没办法动笔。怎样将学术标准的叙述和知性的趣味相结合成为最大的课题，这需要作者发挥写作“技艺”来实现。

之后一晃便是 16 年，虽然我在大学授课期间曾多次进行了部分的尝试，但由于个人原因，写作断断续续，时间飞驰而逝。想起照顾过我的诸位，不禁感慨万千。多亏柴田老师和朋友们读了部分草稿并给我提出建议，才使我减少了条理不清和谬误之处，这一点一定要在这里记下。

由此，本书竟然跨越了五代责任编辑，天野先生之后是柿原宽、中西泽子、早坂佐美，最后一棒则是大山美佐子。

非常感谢诸位。

另外，感谢英国文化教育协会和英国大学校长委员会提供奖学金，使我得以于1980—1982年留学剑桥大学（丘吉尔学院）。Canon in Europe项目让我在1994—1995年成为伦敦大学学院客座教授。后来的研究和交友的基础，就是在这两次国外研究中建立起来的。虽然有些迟，但还是要向有关机构表示感谢。

近藤和彦

2013年10月1日

于哈佛大学H.E.怀德纳图书馆

图书在版编目（CIP）数据

英国史10讲 / (日) 近藤和彦著；何睦译. -- 北京：中国工人出版社，2021.6
ISBN 978-7-5008-7664-9

Ⅰ.①英… Ⅱ.①近… ②何… Ⅲ.①英国—历史—研究 Ⅳ.①K561.07

中国版本图书馆CIP数据核字（2021）第100845号

著作权合同登记号：图字01-2020-2581

英国史10讲

出 版 人	王娇萍
责任编辑	邢 璐
责任印制	栾征宇
出版发行	中国工人出版社
地　　址	北京市东城区鼓楼外大街45号　邮编：100120
网　　址	http://www.wp-china.com
电　　话	（010）62005043（总编室） （010）62005039（印制管理中心） （010）62004005（万川文化项目组）
发行热线	（010）62005996　82029051
经　　销	各地书店
印　　刷	北京盛通印刷股份有限公司
开　　本	880毫米×1230毫米　1/32
印　　张	11.75
字　　数	200千字
版　　次	2021年7月第1版　2021年7月第1次印刷
定　　价	78.00元